DORAEMON™

11

kana

Fujiko · F · Fujio
藤子·F·不二雄

DORAEMON

Sommaire

La cabine des "si..."

QUEL EST LE TIEN, NOBITA ?
VOS CERFS-VOLANTS VOLENT TRÈS HAUT.
CELUI-LÀ ?
GRRR ! CE CERF-VOLANT EST FAINÉANT COMME TOUT !
TAAAAP
DE TOUTE FAÇON, JE N'AIME PAS CE JEU PUÉRIL.
HAHAHA-!
アハハ
HAHA HA!
ワハハ
BOUM

ON NE BADIGEONNE PAS LE PERDANT À L'EN-CRE ?
SI ! ON LE BADIGEON-NE.
TU VEUX JOUER AU HANET-SUKI* ?
JE PRÉFÈRE PLUTÔT JOUER AVEC LES FILLES.
* HANETSUKI : BADMINTON À LA JAPONAISE.
VOICI DU SPARADRAP POUR TON GENOU ET DE L'EAU CHAUDE POUR LAVER TON VISAGE.
SALUT !
POURQUOI TOUT LE MONDE JOUE À DES JEUX STUPIDES LORS DES FÊTES DU NOUVEL AN ?
AH ! J'AIMERAIS ALLER DANS UN PAYS OÙ LES CERFS-VOLANTS ET LE HANETSUKI N'EXISTENT PAS.
C'EST CHAQUE ANNÉE LA MÊME CHOSE.
COMMENT AS-TU DEVINÉ ?
WAAAH !!
?
ON Y VA ?

ON VEUT UN MONDE SANS CERF-VOLANT ET SANS HANETSUKI.
DRIIIIING
C'EST UNE SORTE DE LABORATOIRE. LA CABINE PERMET DE VOIR CE QUI SE PASSERAIT "SI TELLE OU TELLE CHOSE EXISTAIT VRAIMENT".
LA CABINE À "SI..." !
MAIS, REGARDE LE CIEL. IL N'Y A AUCUN CERF-VOLANT.
ON DIRAIT QUE RIEN N'A CHANGÉ.
C'EST TOUT ?
POURQUOI N'EXISTE-T-IL PAS DES JEUX SPÉCIFIQUES POUR LE NOUVEL AN ?
QUEL ENNUI !

* EN JAPONAIS, CERF-VOLANT SE DIT LITTÉRALEMENT "POULPE-VOLANT", D'OÙ LE DESSIN DU POULPE AU LIEU DE CELUI DU CERF.
** HAGOITA : PLANCHE DE BOIS POUR JOUER AU HANETSUKI.

ドドドド
GOGOGOGO
FSSSSS
ズルズルズル
ON JOUE EN LE TRAÎNANT SUR LE SOL ?
OUI, C'EST ÇA.
ズルズル
FSSSSS
FAISONS LE TOURNOI DE LA MEILLEURE TRAÎNÉE DE CERF-VOLANT.
ON VA VOIR QUI TRAINE LE MIEUX SON CERF-VOLANT.

AU FAIT... SORS-MOI UNE PLUME ET UN HAGOITA, DORAEMON.
JE N'AIME PAS TROP CE JEU. C'EST TROP FACILE.
TU T'EN VAS ?
QU'EST-CE QUE C'EST ?
UN NOUVEAU JEU ?
ÉCOUTE-MOI BIEN. TU FRAPPES LA PLUME AVEC LE HAGOITA. ET LE PERDANT EST BADIGEONNÉ D'ENCRE.
TU VEUX ESSAYER ?
JE NE SAIS PAS SI JE VAIS Y ARRIVER.
J'AI LE COEUR QUI BAT.
TU AS INVENTÉ CE JEU ?
TU VEUX BIEN NOUS L'APPRENDRE ?
QUEL SUCCÈS !
POK
DÉTENDS-TOI. TU N'AS QU'À FAIRE CE QUE JE DIS.
TU Y ARRIVERAS TRÈS VITE.

ALORS ? QUI A GAGNE ?
POK
C'EST À MON TOUR.
C'EST DIFFICILE.
IL NE FAUT PAS FRAPPER LA PLUME QUI ARRIVE.
IL FAUT L'ÉVITER AGILEMENT ET LA FAIRE RETOMBER SUR LE SOL.
ON N'Y ARRIVE PAS DU PREMIER COUP...
TU ES TROP FORT POUR NOUS, NOBITA.
... MAIS ON NE PEUT PAS S'EMPÊCHER DE LA FRAPPER.
ON SAIT QU'IL FAUT FAIRE TOMBER LA PLUME...
LES CERFS-VOLANTS SONT MONTÉS DANS LE CIEL !
HE ! NOBITA !

JE N'EN SAIS RIEN DU TOUT !
COMMENT FAIS-TU POUR RÉUSSIR À LES TRAÎNER SUR LE SOL ?

Le papier à robots

À L'OUEST, NOUS AVONS SUNÉO-YAMA, ET À L'EST, NOBITA-GAWA.
ATTENTION... REGARDEZ-VOUS...
TOC
ET C'EST PARTI !
TOC
TOC
ALLEZ ! ALLEZ !
TOC
TOC
TOC
POF
TOC
VICTOIRE DE SUNÉOYAMA ! IL A FAIT TOMBER SON ADVERSAIRE.

LE TOURNOI DE SUMO DU PRINTEMPS

	1	2	3	4	5	6	7	8	9	10
GIANDEN	○	○	●	○	○	○	○	●	○	○
SUNÉOYAMA	●	○	○	●	○	○	●	○	●	○
SHIZUNOHANA	○	●	○	○	●	●	○	○	●	●
NOBITAGAWA	●	●	●	●	●	●	●	●	●	●

LE "PAPIER À ROBOTS" !
SI TU DÉCOUPES TON SUMO DEDANS, IL S'ANIMERA COMME UN VRAI.
AH BON ?
CLIC
CLIC
チョキ
チョキ
PAR EXEMPLE...
QU'EST-CE QUE C'EST ?
?
OH ! UN PAPILLON !
JE VAIS ESSAYER.
IL N'A PAS L'AIR TRÈS FORT.
TU VOIS ? IL COMMENCE À BOUGER.
BOM
BOM
ドスドス

BOM
ドス
AAAH ! NE T'ENTRAÎNE PAS ICI.
TU VAS CASSER LA MAISON.
ドス
BOM
BOM ドス
BOM ス
HÉ ! ON CONTINUE LE TOURNOI ?
JE VAIS ENFIN POUVOIR GAGNER.
IL EST FORT.
JE VIENS DE FABRIQUER UN SUMO TRÈS PUISSANT.
OH NON !
ILS SONT TOUS REPARTIS.
DONNE-MOI LE PAPIER.
JE DOIS ARRACHER LES MAUVAISES HERBES.
JE N'AI PAS QUE ÇA À FAIRE.

CLIC
CLIC
LA CHÈVRE MANGERA TES MAUVAISES HERBES.
BEEH !
JE VAIS CHERCHER LES AUTRES.
SHIZUKA !
VIENS JOUER AU SUMO DE PAPIER.
JE NE PEUX PAS SORTIR. MAMAN M'A CHARGÉE DE GARDER LA MAISON.
CLIC
CLIC
IL GARDERA LA MAISON À TA PLACE.
JE VAIS CHERCHER GIANT. ON SE RETROUVE CHEZ SUNÉO.

NON ! JE VEUX RATTRAPER CE BUS.
SI ON LAISSAIT TOMBER...
IL EST PARTI EN BUS FAIRE UNE COMMISSION.
HE ! LE BUS ! ARRÊTE-TOI !
SOCIÉTÉ
IL SE PREND POUR QUI ?
JE VAIS VOUS AFFRONTER TOUS LES TROIS EN MÊME TEMPS. CE SERA PLUS RAPIDE.
QUEL MAUVAIS PERDANT !
TU N'EN AS PAS ASSEZ DE PERDRE ?
C'EST PARTI !
ATTENTION...

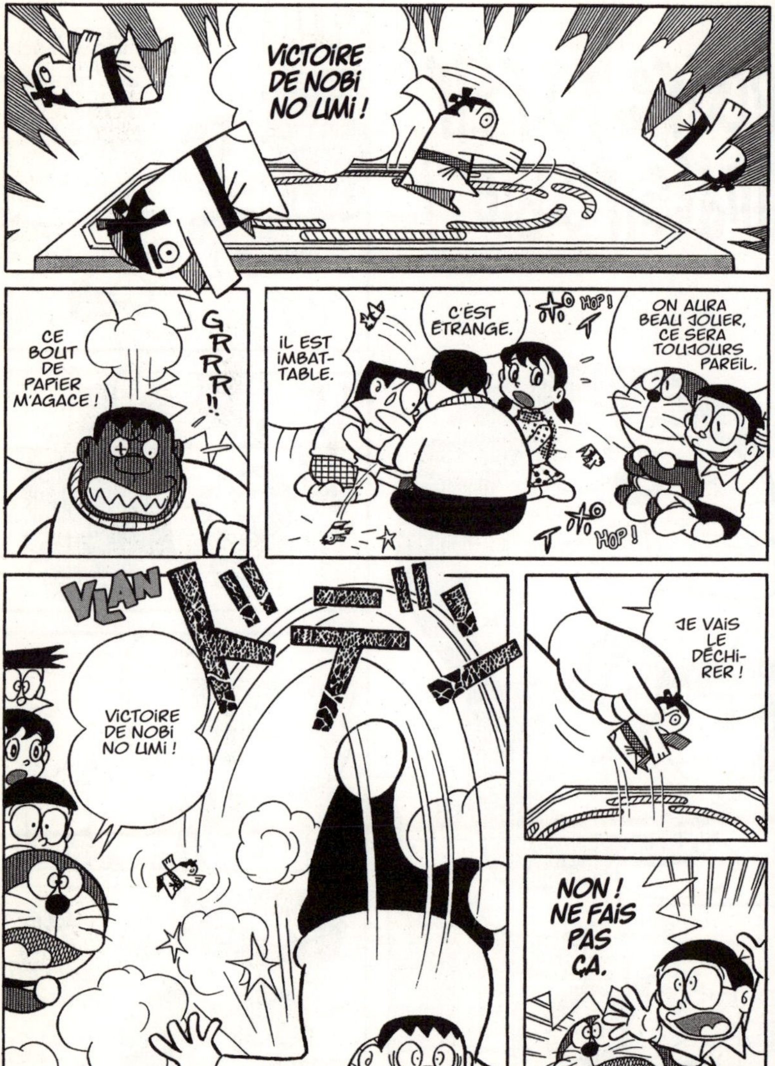
VICTOIRE DE NOBI NO UMI !
CE BOUT DE PAPIER M'AGACE !
GRRR !!
IL EST IMBATTABLE.
C'EST ÉTRANGE.
HOP !
ON AURA BEAU JOUER, CE SERA TOUJOURS PAREIL.
HOP !
VLAN
VICTOIRE DE NOBI NO UMI !
JE VAIS LE DÉCHIRER !
NON ! NE FAIS PAS ÇA.

Faire partir indésirable ?

comment un invité

J'EN AI PLUS QU'ASSEZ DE CE CIRQUE.
... TU VOIS DÉFILER DES TAS DE GENS QUI VIENNENT TE SALUER POUR LA NOUVELLE ANNÉE.
TU SAIS... QUAND ON EST PATRON COMME MOI...
CHEZ MOI, JE NE PEUX PAS ME RELAXER. HAHAHA !
COMBIEN DE TEMPS TON PATRON VA-T-IL RESTER ?
CHÉRI ! TU PEUX VENIR ?
VOILÀ POURQUOI JE ME SUIS RÉFUGIÉ ICI.
NE FAITES PAS ÇA !
ON VA LUI DIRE NON.
COMMENT ?
IL VEUT DORMIR ICI 2 OU 3 JOURS.
APRÈS CE DÉLICIEUX REPAS, J'AI ENVIE DE FAIRE UNE SIESTE.
JE VOUS PROMETS DE LE FAIRE PARTIR BIENTÔT.
PENSEZ À MA SITUATION !

バタ
CLAC
J'AI TROUVÉ UNE CHAMBRE PARFAITE POUR UNE SIESTE.
VOILÀ !
HÉ ! VA M'ACHETER DES CIGARETTES.
TU N'AS PAS UN APPAREIL POUR RENVOYER LES INVITÉS INDÉSIRABLES ?
POUR QUI SE PREND-IL ? IL DONNE DES ORDRES CHEZ LES AUTRES !
AVEC DES CIGARETTES, IL FAUT APPORTER AUSSI UN CENDRIER ET DES ALLUMETTES. ESSAIE D'ÊTRE PLUS ATTENTIONNÉ.
C'EST LA MÉLODIE DE "CE N'EST QU'UN AU REVOIR" ?
QUAND ON ENTEND CETTE MÉLODIE, ON A TRÈS ENVIE DE RENTRER CHEZ SOI.
LA "BOÎTE À MUSIQUE RENTRE-CHÉTOI" !
BIEN SÛR QUE SI !

DOOONG
HOP
DOOONG
DOOONG
TAC
JE NE RENTRERAI PAS CHEZ MOI !!
GRR ! ARRÊTE !!
MON CORPS BOUGE TOUT SEUL...
QUE SE PASSE-T-IL ?
DOOONG
AAAAAH !!
AAH !...
ON VA AUGMENTER LE VOLUME.
IL S'ACCROCHE À SA COUVERTURE.
AUGMENTE LE VOLUME !
JE NE VEUX PAS RENTRER !
TAC
TAC
OH ! VOUS REPARTEZ DÉJÀ ? QUEL DOMMAGE !
POF
POF

J'AI SUBITEMENT ENVIE DE RETOURNER CHEZ MES PARENTS. MERCI POUR TOUT...
ARRÊTE LA BOITE À MUSIQUE. VITE !
HÉ ! OÙ VAS-TU ?
HM ?
CLIC
MADAME ! OÙ SE TROUVENT VOS TOILETTES ?
PSHT
HMM !
HMM !
TOC
TOC
J'AI ASPERGÉ LA PORTE DE "VAPO-ÉCHO".
TOC
TOC

BAM
BAM
BAM
BAM
BAM
MÊME S'IL N'Y A PERSONNE À L'INTÉRIEUR DES TOILETTES, LE BRUIT RÉSONNE EN ÉCHO.
NON. JE VAIS JUSTE AUX TOILET-TES.
VOUS REPARTEZ ? AU REVOIR.
IL Y A DES TOILETTES PUBLIQUES DANS LE PARC.
JE NE PEUX PLUS ME RETENIR !
JE NE LE LAISSERAI PAS ENTRER.
JE PENSE QU'IL VA REVENIR TRÈS VITE.
HOURRA ! IL EST ENFIN PARTI.
C'EST IMPOS-SIBLE.
CE SCOTCH PERMET DE FAIRE DISPARAÎTRE L'ENVERS ET L'ENDROIT.
LE "SCOTCH ALTERNATEUR D'ESPACE" !

ET ON A L'IMPRESSION QU'ON A FAIT DEUX FOIS LE TOUR...
ON TRACE UN TRAIT À L'AIDE D'UN CRAYON.
ON FAIT UN CERCLE EN RETOURNANT LE SCOTCH SUR LUI-MÊME.
TOURNE
クルッ
AUTREMENT DIT, IL N'EXISTE PLUS D'ENVERS NI D'ENDROIT.
LE MÊME TRAIT FAIT LE TOUR DU CERCLE SUR LES DEUX FACES.
... ET QU'ON EST REVENU AU POINT DE DÉPART.
ON LE COLLE SUR LA PORTE.
JE NE VOIS PAS LE RAPPORT.
HM ?

... HOP LÀ...
J'AI OUVERT LA PORTE ET JE...
JE CROYAIS ÊTRE ENTRÉ À L'INTÉRIEUR...
QUOI !?
QU'EST-CE QUE C'EST QUE ÇA ?
LES DEUX CÔTÉS DONNENT SUR L'EXTÉRIEUR.
IL S'EST PRODUIT UNE DÉFORMATION DE L'ESPACE, ET LA PORTE DONNE SUR L'EXTÉRIEUR DES DEUX CÔTÉS.
IL ENTRE ET IL RESSORT TRÈS VITE.
HAAH ! HAAH !
JE N'EN PEUX PLUS.
IL A ABANDONNÉ ET IL EST ENFIN RENTRÉ CHEZ LUI.
JE VAIS ENFIN POUVOIR ME REPOSER EN PAIX.

TOC
TOC
QUI PEUT BIEN ÊTRE À L'INTÉRIEUR ?
LE PRODUIT POUR ARRÊTER LE "VAPO-ÉCHO"... CE N'EST PAS ÇA... PAS ÇA, NON PLUS...
POF
POF

romenade
les nuages
IL EST À LA MÊME HAUTEUR QUE LES NUAGES.
JE N'AI JAMAIS FAIT VOLER UN CERF-VOLANT AUSSI HAUT.

ÇA SUFFIT ! LE FIL VA SE BRISER.
NE T'INQUIÈTE PAS.
CLIC
AH... AH... AAH !
TU VOIS ? JE TE L'AVAIS DIT !
Une
dans

iL EST COiNCÉ DANS LES NUAGES.
iL NE RETOMBE PAS.
C'EST VRAiMENT ÉTRANGE.
...
DÉBROUiLLE-TOi POUR RÉCUPÉRER LE CERF-VOLANT.
C'EST TOi QUi ES EN TORT, NOBiTA.
JE VAiS TE LE REMBOURSER. iL COÛTE COMBiEN ?
JE L'Ai FAiT FABRiQUER SUR MESURE. iL N'EST EN VENTE NULLE PART.
DORAEMON !
QU'EST-CE QUE JE DOiS FAiRE ?
VA DANS LES NUAGES.
iLS VEULENT QUE J'AiLLE LE RÉCUPÉRER DANS LES NUAGES. C'EST iMPOSSiBLE !
TREMPE-LA DANS UN SEAU D'EAU.
ET JE POURRAi ALLER DANS LES NUAGES ?
CETTE BALLE PERMET D'ALLER DANS LES NUAGES.
?

VOILÀ ! ELLE FLOTTE.
SI ELLE FLOTTE, JE PEUX ALLER DANS LES AIRS ?
QUESTION ! POURQUOI LA BALLE FLOTTE DANS L'EAU ?
J'AI PAS ENVIE DE JOUER AUX DEVINET-TES !
IL Y A UN ORDRE DANS LES CHOSES.
TU DOIS D'ABORD RÉPON-DRE.
C'EST PARCE QUE...
... LA BALLE EST PLUS LÉGÈRE QUE L'EAU, NON ?
EXACTE-MENT !
ET QUE DOIT FAIRE L'HOMME POUR FLOTTER DANS LES AIRS ?
MÂCHER DES "PASTILLES FLOT-TANTES".
QUAND ON LES MÂCHE, ELLES CRÉENT DES GAZ DANS LE CORPS QUI LE RENDENT PLUS LÉGER QUE L'AIR.
VRAIMENT ?
HÂM !
パク
CROC
ガリ
CROC
JE COMMENCE À ME SENTIR LÉGER.
FAIS COMME UN OISEAU. BATS DES AILES.

FLAP
FLAP
COMME ÇA ?
BOUM
POAM
POAM
Sss
C'EST DANGEREUX SI TU NE BOUGES PAS DOUCEMENT.
JE VAIS TE VENGER POUR TON CERF-VOLANT.
TU VAS PAYER, NOBITA.
RAAAAAAH !!
BOM

? ?
HM...
WAOUH ! ILS VOLENT !
C'EST PAS JUSTE. DESCENDS DE LÀ !
ME VOILÀ.
GRRRR !!
BOUUUM
JE VAIS ALLER RÉCUPÉRER LE CERF-VOLANT.
IL A FAIT TOMBER QUELQUE CHOSE.
J'AI COMPRIS ! C'EST SÛREMENT GRÂCE À ÇA QU'ILS VOLENT.

JE VAIS ENTRER DANS LES NUAGES.
C'EST DE CE CÔTÉ-CI QUE LE CERF-VOLANT A DISPARU.
OÙ ES-TU, CERF-VOLANT ?
IL EST LÀ ! IL EST EMMÊLÉ À UN BALLON.
OH ! LES AUTRES ARRIVENT AUSSI.

YOUPi ! ON JOUE AU CHAT ET À LA SOURiS ?
JE PRÉFÉRERAIS JOUER À CACHE-CACHE.

JE VOIS... ILS ONT DÛ PRENDRE ÇA.
OH ! ILS ONT L'AIR DE BIEN S'AMUSER !
GLOP
GLOP
GLOP
JE N'ARRIVE PAS À M'ARRÊTER !
AU SECOURS !
VIUUUU
IL A SÛREMENT AVALÉ TROP DE PASTILLES.
OH ! QU'EST-CE QUE C'EST ?
VOOM

ON DOIT FAIRE ÇA JUSQU'À CE QUE LE GAZ PARTE. C'EST TROP DANGEREUX.
OUAIS ! UN CERF-VOLANT RIGOLO !

La crème loup-garou

RENDS-MOI MA RÉDACTION.
ALLEZ...
... LAISSE-MOI LA LIRE.
"LES CHOSES QUI M'EFFRAIENT."
"J'AI VU L'HISTOIRE D'UN LOUP-GAROU À LA TÉLÉVISION LA DERNIÈRE FOIS.
UN HOMME SE TRANSFORME EN LOUP QUAND IL VOIT LA PLEINE LUNE."
GRR...
GRR...
TADAAAN
C'EST SANS INTÉRÊT.
TU EN AS ASSEZ LU.
"MAIS IL Y A UNE CHOSE QUI M'EFFRAIE DAVANTAGE."

OUI, CE VISAGE-LÀ !
"C'EST LE VISAGE DE MA MÈRE QUAND ELLE EST EN COLÈRE."
JE N'AI FAIT QU'ÉCRIRE CE QUE JE RESSENTAIS.
POURQUOI AS-TU ÉCRIT UNE CHOSE PAREILLE ?
NON. MAMAN EST PLUS EFFRAYAN-TE.
LE LOUP-GAROU EST QUAND MÊME PLUS EFFRAYANT.
QU'EN PENSES-TU, DORA-emon ?
LA "CRÈME LOUP-GAROU" !
HEIN ?
ON VA LES COMPA-RER.

VOYONS VOIR.
ET ON REGARDE DES FORMES RONDES, COMME LA LUNE.
FLAP FLAP
ぺた ぺた
ON APPLIQUE LA CRÈME.
GRRRRR...
GRR...
ÇA, C'EST ROND.
OUH ! J'AI PEUR !
GRAAAO !
JE VAIS ME METTRE CETTE CRÈME AUS-SI.
L'EFFET S'ARRÊTE QUAND ON SE LAVE LE VISAGE.
ON RETROUVE VITE L'APPARENCE NORMALE.

TU...
TU AS UTILISÉ CETTE CRÈME ?
AAAAH !!
JE SORS.
TIENS ?! ELLE EST BIZARRE !
BAH ! TANT PIS.
JE NE VEUX RIEN SAVOIR.
CE SERAIT L'HORREUR !
ET SI ELLE VOIT DES FORMES RONDES DEHORS ?
JE VEUX T'ACCOMPAGNER !
NE VIENS PAS AVEC MOI. TU VAS T'EN-NUYER.
HÉHÉ !

AH !
TU DEVRAIS TE LAVER LE VISAGE.
JE ME SUIS LAVÉE CE MATIN. NE SOIS PAS BÊTE !
FAIS COMME TU VOUDRAS.
CE N'EST RIEN DU TOUT.
IL NE FAUT PAS QU'ELLE VOIE ÇA !
OUSTE ! PAR LÀ-BAS !
POF
OH ! ENCORE !
QU'EST-CE QUI T'EST ARRIVÉ ?
TU VAS VOIR !

CONTENT QUE TU ARRIVES SAINE ET SAUVE.
C'EST CETTE MAISON.
QUI EST LÀ ?
BON-JOUR !
TIENS ?!
ATTENDEZ ICI UN INSTANT.

RENTRE À LA MAISON !
JE DOIS CACHER TOUT CE QUI EST ROND.
JE PEUX VÉRIFIER QUELQUE CHOSE ?
OH ! VOUS LUI SERVEZ DU THÉ ?
ÇA ME TRACASSE.
CROC
CROC
CRAC
CRAC
C'EST EMBÊTANT, CES GÂTEAUX RONDS.
UTILISEZ DES TASSES ET UN PLATEAU CARRÉS.
JE SUIS INQUIET.
ELLE M'A FICHU DEHORS.

ON DOIT APPELER LE MÉDECIN.
ViTE !
ELLE S'EST ÉVANOUiE EN VOYANT MON ViSAGE.
JE ME DEMANDE CE QU'ELLE A...
PFFT ! JE SUiS ÉPUiSÉE.
ET iL EST TRÈS TARD.
HE ! DONNE TON FRiC !
LE VOLEUR A SURSAUTÉ ET iL S'EST ENFUi.
MON ViSAGE EST Si TERRiFiANT QUE ÇA ?
Hi!!!!!

On remonte le ressort, et c'est parti !

T'AS PAS FINI DE DÉJEUNER, NOBITA ? T'ES VRAIMENT LENT !
J'AI TERMINÉ.
GLOU ! CROC! HAM! HAM! CROC! GLOU !
J'AI ENFIN TERMINÉ.
JE VAIS ALLER JOUER.
DRIIIIIING
L'EXERCICE SUIVANT...
AUJOURD'HUI ENCORE, JE N'AI PAS PU JOUER.
NOBITA ! C'EST TOI QUI VAS LE FAIRE.
EUH... EUH...
TOUJOURS PAS ? QUELQU'UN D'AUTRE PEUT-IL RÉPONDRE ?

ON FAIT LA COURSE POUR RENTRER ?
D'ACCORD !
HAAH... HAAH...
TU IRAS JOUER QUAND TU AURAS FINI TES DEVOIRS.
JE VAIS VITE M'EN DÉBARRASSER.
ON FAIT UN BASE-BALL ?
QUOI ? TU FAIS ENCORE TES DEVOIRS ?
T'AS TOUJOURS PAS FINI ?
T'ES VRAIMENT LENT.
ON SE RETROUVE LÀ-BAS.
SNIF !

DANS CE CAS, JE VAIS TE REMONTER TON RES-SORT.
OUiiiiiN !!
POURQUOi SUiS-JE AUSSi LENT ?
TU N'AS RiEN À CRAiNDRE.
ÇA NE ME DiT RiEN !
CRRR
CRRR
JE VAiS D'ABORD L'ESSAYER SUR PAPA.
AVEC ÇA, LES MOUVEMENTS DEViENNENT TRÈS RAPiDES.
ViUUUU
POF

VLAN
BAM
CRRR
CRRR
ÇA CHATOUILLE UN PEU.
POURQUOI DORS-TU DANS UN ENDROIT PAREIL ?
GRAT
GRAT
GRAT
GRAT
OUAIS ! J'AI DÉJÀ TERMINÉ.
ALLONS JOUER DEHORS.
ATTENDS-MOI !
VIUUUU

JE SUIS LÀ... ALORS, JE VEUX JOUER !
COMME TU ES LENT, SI TU INTÈGRES L'ÉQUIPE, CE SERA ENCORE PIRE.
ON EST SUR LE POINT DE PERDRE.
TU N'ÉTAIS PAS OBLIGÉ DE VENIR.
MÊME S'IL FRAPPE LA BALLE, IL SERA ÉLIMINÉ. IL COURT TROP LENTEMENT.
GRRR
GRRR
FAIS PLUSIEURS TOURS.
IL TE SUFFIT DE TOUCHER LA BALLE.
OH LÀ LÀ !
STRIKE !
HÉHE ! MERCI !
POM
ET HOP !

J'AI RÉUSSI !
VIUUU
ビューッ
BRAVO ! BRAVO !
T'ES SUPER, NOBITA !
ILS ONT GAGNÉ GRÂCE À TOI, NOBITA.
C'EST AGRÉABLE.
LE DÎNER EST SERVI.
BON APPÉTIT.
HAM
チャカチャカ
HAM
J'AI FINI.
C'EST ENCORE LES EFFETS DU RESSORT.

e redoutable sabre "Denkômaru"

ザザザア SPLAASH
L'HEURE DE NOTRE RENDEZ-VOUS EST LARGEMENT DÉPASSÉE.
QUE FAIT MUSASHI MIYAMOTO ?
IL A PEUT-ÊTRE PEUR DE M'AF-FRONTER, MOI, KOJIRÔ...
GRR GRR
C'EST POUR ÇA QU'IL NE SE MONTRE PAS.
SPLAASH ザザザア
SPLAASH
LE VOILÀ !
TU ES EN RETARD, MUSASHI !
DÉSOLÉ DE T'AVOIR FAIT ATTENDRE, KOJIRÔ SASAKI.

ザァ…
SPLAASH
SPLAASH
ザザザ
TECHNIQUE SECRÈTE DU RETOUR DE L'HIRONDELLE !
TAAP
CLIING
MUSASHI ÉTAIT TRÈS FORT !
C'EST LA PERSONNE QUE J'ADMIRE LE PLUS AU MONDE.

* KENDO : ART DE COMBAT AVEC UN BÂTON EN BOIS.

LE REDOUTABLE SABRE "DENKÔMARU" !!
AVEC ÇA, TU PEUX GAGNER MÊME EN DORMANT.
TU CROIS QUE CE SERA AUSSI SIMPLE ?
IL Y A UN RADAR À L'INTÉRIEUR.
IL CAPTE LES MOUVEMENTS DE L'ADVERSAIRE ET LES CONTRE AUTOMATIQUEMENT.
ÇA NE SERT À RIEN, SI TU TE SAUVES.
TAAAH !
TAAAH !
JE SAIS QUE JE NE SUIS PAS TRÈS COURAGEUX.
IL TE FAUT JUSTE UN PEU DE COURAGE POUR AFFRONTER TON ADVERSAIRE.
AVEC LE DENKÔMARU, TU ES SÛR DE GAGNER.

CHANGE-TOI.
OÙ VA-T-ON AVEC LA MACHINE DU TEMPS ?
ON VA À FUNASHIMA EN 1621.
IL Y A UN DUEL ENTRE MUSASHI ET KOJIRÔ. ON VA EN PRENDRE DE LA GRAINE.
TACTAC
J'AI PEUR ! J'AI PEUR !
TACTAC
REGARDE ! COMME TU AS BOUGÉ...
... ON N'EST ARRIVÉS NI AU BON ENDROIT NI À LA BONNE DATE !

C'EST IMPARDONNABLE !
AU MOINS DIX ANS TROP TÔT...
ON N'EST PAS DANS LA BONNE ANNÉE ?
JE NE FERAIS JAMAIS UNE CHOSE PAREILLE.
JE SAIS QUE TU AS RI EN VOYANT MON VISAGE.
VEUILLEZ M'EXCUSER.
C'EST UNE GROSSIÈRE ERREUR ! VOUS VOUS MÉPRENEZ !
HA
HA
TU AS OSÉ !
HIHI ! C'EST VRAI QU'IL A UNE DRÔLE DE TÊTE.
VLAN
C'EST TON PROBLÈME.
BOUM
DORA-EMOOOON !!

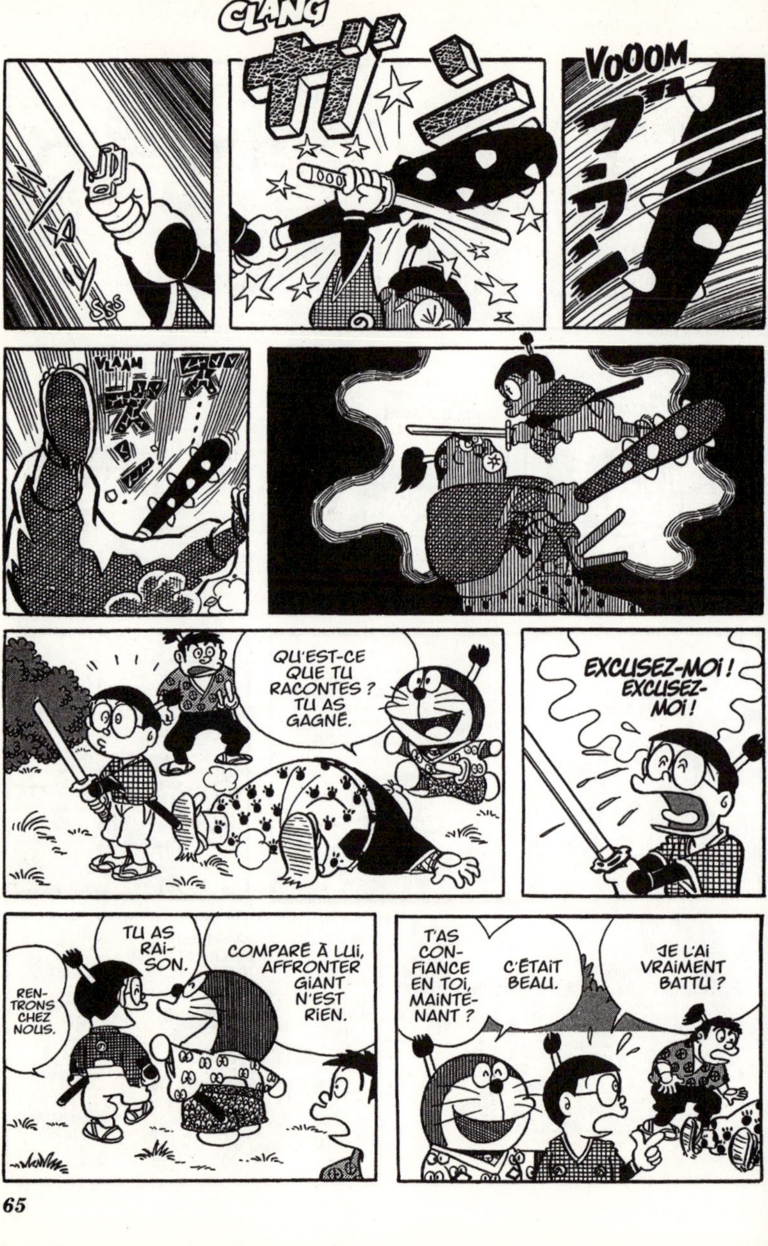
CLANG
VOOOM
VLAAM
QU'EST-CE QUE TU RACONTES ? TU AS GAGNÉ.
EXCUSEZ-MOI ! EXCUSEZ-MOI !
TU AS RAI-SON.
COMPARÉ À LUI, AFFRONTER GIANT N'EST RIEN.
REN-TRONS CHEZ NOUS.
JE L'AI VRAIMENT BATTU ?
C'ÉTAIT BEAU.
T'AS CON-FIANCE EN TOI, MAINTE-NANT ?

J'AI UNE FAVEUR À VOUS DEMANDER.
JE VOUDRAIS DEVENIR VOTRE DISCIPLE.
¡IMPOSSIBLE ! ON DOIT RENTRER CHEZ NOUS.
JE M'ENTRAÎNE POUR DEVENIR LE GUERRIER LE PLUS FORT DU JAPON.
JE SUIS FORT AU COMBAT DE BÂTON...
MAIS JE NE SUIS PAS TÉMÉRAIRE...
... MAIS, DÈS QUE JE VOIS UN VRAI SABRE, MES JAMBES FLÉCHISSENT.
TOUT LE MONDE SE MOQUE DE MOI.
JE ME SUIS MÊME DEMANDÉ SI JE NE DEVAIS PAS RENONCER À DEVENIR SAMOURAÏ.
C'EST POURQUOI J'AIMERAIS APPRENDRE L'ART DU SABRE AUPRÈS D'UN MAÎTRE TEL QUE VOUS.
PUISQU'ON VOUS DIT QUE C'EST ¡MPOSSIBLE !
GIANT NOUS ATTEND. LAISSONS-LE. PARTONS !
¡L NOUS SUIT !

クルッ VIUM
JE VOUS SUIVRAI JUSQU'À CE QUE VOUS M'ACCEPTIEZ COMME DISCIPLE.
VLAN ズテ
JE RECONNAIS BIEN LÀ UN GRAND MAÎTRE.
C'EST COMME ÇA QUE VOUS MUSCLEZ VOS JAMBES ?
L'ENTRAÎNEMENT POUR ÊTRE FORT…
… EST TRÈS DIFFICILE.
BOUM
VLAN
VOUS TRÉBUCHEZ VOLONTAIREMENT POUR DOMPTER LA DOULEUR.
JE VOIS !
IL NE DOIT PAS ÊTRE BIEN LOIN. CHERCHONS-LE.
AVEC AUTANT D'ALLIÉS, JE NE PERDRAI PAS.
SALE MINUS ! CETTE FOIS, JE VAIS L'ÉCRABOUILLER !

L'HEURE DU RENDEZ-VOUS EST PASSÉE DEPUIS LONGTEMPS. NOBITA NE VIENT PAS.
IL IMITE MUSASHI MIYAMOTO !
IL FAIT FROID.
ヒュウ
VIUUU
JE VAIS LUI CASSER LES DEUX BRAS.
IL NE S'EN TIRERA PAS COMME ÇA.
AAATCHOUM !!
MAÎTRE ! SOUHAITEZ-VOUS QUE JE VOUS MASSE LES ÉPAULES ?
ORDONNEZ-MOI CE QUE VOUS VOUDREZ.
IL NE NOUS LÂCHERA PAS. DISONS-LUI LA VÉRITÉ ET EXCUSONS-NOUS.
JE DOIS T'AVOUER UNE CHOSE.
SI J'AI GAGNÉ, C'EST GRÂCE AU SABRE DE TOUT À L'HEURE.
CE SABRE ?
NON ! VOUS PLAISANTEZ ?

GOGOGO
LES VOILÀ !
NE LES LAISSEZ PAS S'ENFUIR.
HAHA ! VOUS ÊTES TRÈS DRÔLE, MAÎTRE.
GOOOO
CLING
CLING
CLING
ATTENDEZ-MOI, SI VOUS VOUS SAUVEZ !
JE N'AI PAS ENVIE DE ME BATTRE !
QUEL COURAGE !
OH ! IL VEUT NOUS AFFRONTER SEUL.
BIIIP

TAAAH !
POF
HIIIIII...
BAM
TU ES PRÊT ?
CLANG
CLANG
FSHH
CLING
VIUM

MAIS... C'EST...
TU AS FAIT ÇA TOUT SEUL.
C'EST LA VÉRITÉ.
J'AI PRIS CONFIANCE EN MOI !
TANT MIEUX.
JE N'OUBLIERAI JAMAIS CE QUE VOUS AVEZ FAIT POUR MOI.
JE VAIS M'ENTRAÎNER DUR ET JE VAIS DEVENIR PLUS FORT.
AU FAIT, J'AI OUBLIÉ DE ME PRÉSENTER.
MON NOM EST MUSASHI MIYAMOTO.
QUOI !?
ADIEU !

MINCE !!
IL A GARDÉ LE DENKÔMARU.
C'EST FOU CE QU'ON PEUT ACCOMPLIR QUAND ON A CONFIANCE EN SOI.
MÊME MUSASHI ÉTAIT FAIBLE AU DÉPART.
JE VAIS PERDRE RAPIDEMENT. COMME ÇA, IL NE ME FRAPPERA PAS TROP.
C'EST PEUT-ÊTRE ÇA, LA DIFFÉRENCE QU'IL Y A ENTRE TOI ET MUSASHI.
JE NE POURRAI JAMAIS VAINCRE GIANT.
OÙ EST PASSÉE TA CONFIANCE DE TOUT À L'HEURE ?
GIANT A PRIS FROID ET IL EST RENTRÉ CHEZ LUI.

La machine qui entraîne à faire face aux catastrophes

JE VAIS FAIRE UNE COURSE. VOUS GARDEZ LA MAISON ?
D'ACCORD. À TOUT À L'HEURE !
UN INVITE VA ARRIVER.
TU PEUX LE FAIRE PATIENTER.
DIS-LUI QUE JE REVIENS TOUT DE SUITE.
ENTENDU.
DIX MINUTES PLUS TARD...
J'AI ENVIE D'ALLER M'AMUSER. J'AI PAS ENVIE DE GARDER LA MAISON.
QUEL ENNUI !
SI SEULEMENT IL POUVAIT SE PASSER QUELQUE CHOSE.
GOGOGO
GOOOOO
VIUUU
BRR
BRR
GOOO

LA MAISON VA S'ECROULER !
UN TYPHON !
?
IL N'Y A PAS LA MOINDRE BRISE.
COMMENT ÇA !?
OUI. TU AVAIS L'AIR DE T'ENNUYER.
C'EST TOI QUI AS FAIT ÇA ?
HÉ ! HÉ !
VOICI LA "MACHINE QUI ENTRAÎNE À FAIRE FACE AUX CATASTRO-PHES" !
C'EST POUR S'EN-TRAÎNER À NE PAS PANIQUER...
... QUOI QU'IL SE PRODUISE.
FOUDRE
TYPHON
INONDATION
TREMBLEMENT DE TERRE
INCENDIE

C'EST AMUSANT. TESTONS LA MACHINE.
Si ON RÈGLE L'AiGUiLLE SUR "iNCENDiE", ON VOiT APPARAiTRE DE VRAiES FLAMMES.
QUEL SUSPENSE !
BOUM BOUM
ドキ ドキ
iL PEUT SE PASSER N'iMPORTE QUOi À N'iMPORTE QUEL MOMENT.
J'Ai FAIT UNE PROGRAMMATiON AU HASARD.
QUOi ?
ÇA PEUT ARRiVER DANS UNE MiNUTE COMME DANS UN AN.
DEMANDE À LA MACHiNE.
ÇA COM-MENCE QUAND ?
iL NE SE PASSE RiEN.
QUi VA GARDER LA MAiSON ?
J'EN Ai MARRE.
JE SORS.

VOUS ÊTES L'INVITÉ ?
ENTREZ, JE VOUS EN PRIE.
BONJOUR !
COMME VOUS ÊTES LÀ, VOUS POUVEZ GARDER LA MAISON ?
AU FEU !!

MAIS... C'EST...
OÙ EST L'INCENDIE ?
DÉSOLÉ DE VOUS AVOIR DÉRANGÉS.
BRRR
BRRR
BRRR
GOGOGOGO
C'EST ÉTRANGE.
TIENS ?!
UN TREMBLEMENT DE TERRE !

J'EN AI ASSEZ !
UNE INONDATION ! LA FOUDRE !
ATTENDEZ LE RETOUR DE MAMAN, S'IL VOUS PLAÎT !
ON A OUBLIÉ D'ÉTEINDRE L'APPAREIL.
IL REFUSE D'ENTRER DANS LA MAISON.

Le Chewing-gum du partage

CES DERNIERS TEMPS...
... LES GOÛTERS SONT PAUVRES.
UNE ASSIETTE DE CACAHOUÈTES ! C'EST BON POUR LES PIGEONS, ÇA !
TROP MANGER N'EST PAS BON POUR LA SANTÉ.
MAMAN DIT ÇA...
... MAIS JE SAIS QUE C'EST POUR FAIRE DES ÉCONOMIES.
PROBABLE-MENT.

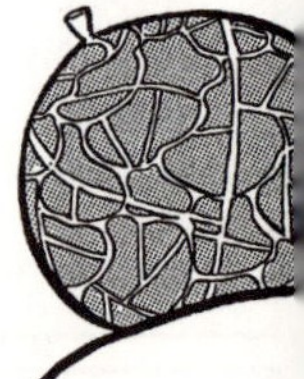

ALORS, ON VIENT JOUER CHEZ TOI.
JE DOIS RENTRER CHEZ MOI.
ON VA JOUER ?
SI VOUS VENEZ, IL Y EN AURA MOINS POUR MOI.
MAMAN VA ME COUPER UN MELON.
NON ! SURTOUT PAS !
SUIVONS-LE !
HEIN ?!
LE VEINARD !
DU MELON...
MÊME SI TU ME REGARDES, JE NE T'EN DONNERAI PAS.
ÉPIONS-LE !
ARRÊTE. C'EST RIDICULE.

AVANT DE MANGER LE MELON...
... QUE DIS-TU D'UN CHEWING-GUM ?
JE NE T'EN DONNE QU'UN TIERS.
SI TU ME LE DONNES, JE L'ACCEPTE.
ON SE PARTAGE LE RESTE DU CHEWING-GUM.
SI C'EST GRATUIT, JE L'ACCEPTE.
C'EST LE "CHEWING-GUM DU PARTAGE".
QUAND SUNEO MANGERA SON MELON...
... LA SAVEUR DE CELUI-CI SERA TRANSMISE DANS NOTRE BOUCHE.
ÇA MARCHE !!
QUEL DÉLICIEUX MELON !
HAM!
HAM!
C'EST DOUX EN BOUCHE ET AGRÉABLE SOUS LA DENT.

QUEL ARÔME EXQUIS !
HAM!
HAM!
HAM!
HAM!
C'EST POURTANT UN MELON DE QUALITÉ, MAIS...
... JE LE TROUVE FADE.
IL A LE TIERS DE SA SAVEUR HABITUEL-LE.
HMM ! C'ÉTAIT BON.
ON A MÊME LA SENSATION D'AVOIR LE VENTRE PLEIN.
DONNE-MOI PLUS DE CHEWING-GUMS.
QUE VAS-TU EN FAIRE ?
JE VAIS EN DISTRIBUER LA MOITIÉ À MES COPAINS.
TU MANGES QUOI AU GOÛTER AUJOUR-D'HUI ?
JE PENSE QUE J'AURAI DU GÂTEAU.
PARFAIT!!
PRENDS CE CHEWING-GUM.

* KASHIWA MOCHI : PÂTE DE RIZ GLUANT ENROBÉE D'UNE FEUILLE DE CHÊNE.

NE MANGE PAS DES NOUILLES AUSSI CHAUDES !!
C'EST CHAUD !!
C'EST TRÈS BIEN.
DU TAIYA-KI*...
J'ADORE LE KASHIWA MOCHI.
* TAIYAKI : SORTE DE PANCAKE FOURRÉ À LA PÂTE DE HARICOTS ROUGES SUCRÉE.
JE NE VOUS AI PAS GÂTÉS AU GOÛTER CES DERNIERS TEMPS. ALORS, J'AI FAIT UN GÂTEAU.
JE ME SUIS REPENTIE.
JE N'EN PEUX PLUS. J'AI LE VENTRE REMPLI.
BANANE, HARICOTS ROUGES ET GLACE À L'ITALIEN-NE...
J'EN MANGERAI TOUT À L'HEURE ! PROMIS !
DIRE QUE JE L'AI FAIT POUR LUI.
BLURP !
ON DIRAIT DE LA VIANDE AVARIÉE.
QU'EST-CE QUE C'EST QUE ÇA ?
!?
ARRÊTE, ESPÈCE DE GLOUTON !!
Y EN A ENCORE UN QUI MANGE.

JE COMMENCE À ME SENTIR MAL !
BEURK ! ARRÊTE !
DU FROMAGE MOISI...
DU RIZ GLUANT DEVENU TOUT DUR...
IL SUCE DES ARÊTES DE POISSON !
GRRR...
BEURK ! BEURK !
J'AI DONNE TON CHEWING-GUM À CE CHIEN.

Les lunettes hypnose

VOS BRAS DEVIENNENT LOURDS... LOURDS...
ILS DEVIENNENT LOURDS ET TOMBENT.
VOUS ÊTES UN BÂTON.
MÊME SI QUELQU'UN MONTE SUR VOUS, CELA NE VOUS FAIT RIEN.
DE JOLIS PAPILLONS VOLENT AUTOUR DE VOUS.
ESSAYEZ DE LES ATTRAPER.
VOUS ÊTES UN BÉBÉ.
L'HYPNOSE, C'EST INCROYABLE !
OUiiiN ! OUiiiN !

QU'EST-CE QUE T'AS DIT ?
TU N'Y ARRIVERAS PAS, GIANT.
J'AIMERAIS BIEN ESSAYER.
AAAH ! C'EST LOURD !
ILS NE SONT PAS LOURDS DU TOUT.
ILS DEVIENNENT LOURDS... LOURDS ...
ÉTENDEZ VOS BRAS.
NAGEZ !!
ON EST DANS LA MER.
MES BRAS TOMBENT TELLEMENT ILS SONT LOURDS.
IL N'A QU'À FAIRE SEMBLANT D'ÊTRE HYPNOTISÉ.
QU'IL EST BÊTE !
C'EST RIDI-CULE.
JE NAGE... JE NAGE...
ALLEZ ! ALLEZ !

QUELQU'UN T'A EMBÊTÉ ?
JE TE FRAPPERAI JUSQU'À CE QUE TU SOIS HYPNOTISÉ.
SAUF SI ON UTILISE ÇA.
CE N'EST PAS AUSSI SIMPLE.
C'EST IMPOSSIBLE.
IL VEUT T'HYPNOTISER ?
LES "LUNETTES HYPNOSE" !!
IL SUFFIT DE PARLER EN LES PORTANT.
TES BRAS DEVIENNENT LOURDS.
AVEC CES LUNETTES, C'EST FACILE D'HYPNOTISER QUELQU'UN.
OH ! C'EST LOURD !
VLAN

PAS DE VIOLENCE !
TE VOILÀ ENFIN !
JE SUIS UNE FILLE.
TOUT À FAIT.
TU ES UNE FILLE TRÈS DOUCE, GIANT.
IL EST HYPNOTISÉ.
... PAS DE VIOLENCE...
HEIN ?
JE PEUX JOUER AVEC VOUS ?
TU ES UN CHIEN !
OH ! LE VOILÀ ENCORE.
AH !

SLURP
SLURP
SWIP
SWIP
OUAF ! OUAF !
QUE FAIS-TU ?
BOUTIQUE
METS DES BOUCHONS DANS LES OREILLES, TU N'ENTENDRAS PAS NOBITA.
... T'HYP-NOTI-SER.
ON A DÛ...
BEURK !!
POUAH !
POUAH !
HEIN ?
BOM
BOM
QUOI ? ÇA NE MARCHE PAS ?
TU ES UN OISEAU.
ET TU T'ENVOLES AU LOIN.
T'ES VRAIMENT IMPOS-SIBLE !
DORAEMON !

ALLEZ, VIENS !
JE VAIS M'HYPNOTISER MOI-MÊME.
JE SAIS !
TIENS ? QUELLES ÉTRANGES LUNETTES !
JE ME SUIS HYPNOTISÉ EN CATCHEUR.
HOU ! HOU !
OÙ EST PASSÉ PAPA ?
ON DIRAIT UN HIBOU.
... UN HIBOU...

J'ai lancé une chaîne de télévision (DORAMI)

J'AI PAS LE TEMPS DE T'EXPLIQUER. C'EST URGENT ! VIENS VITE CHEZ MOI.
QUE SE PASSE-T-IL ?
DÉPÊCHE-TOI !!
IL T'A APPELÉ AUSSI, NOBITA ?
TOI AUSSI, SHIZUKA ?
JE N'EN SAIS PAS PLUS QUE TOI.
QU'EST-CE QUI SE PASSE ?
VOUS ÊTES EN RETARD !
VOUS ÊTES TOUS LÀ ?
DÉPÊCHEZ-VOUS !
LE TEMPS PRESSE !
POURQUOI NOUS AS-TU TOUS RÉUNIS ?
J'AI UN SUPER TRUC À VOUS MONTRER.
JE CROIS QU'ON EST ARRIVÉS À TEMPS.
OUF !

* KIDORI : "VANTARD" EN JAPONAIS.

** TAKAO KIDORI : EN FRANÇAIS "VANTARD LEGRAND".

IL EST JUSTE PASSÉ UN PEU À LA TÉLÉ.
POURQUOI ON SERAIT JALOUX DE LUI ?
N'HÉSITEZ PAS À ME DEMANDER UN AUTOGRAPHE.
ON N'EN VEUT PAS !
MOI NON PLUS.
MÊME SI ON ME SUPPLIAIT, JE NE PARTICIPERAIS PAS À CETTE ÉMISSION.
TU ES RENTRÉ ?
À QUI ÉCRIS-TU ?
À PERSONNE...
Chaîne de télévision
Émission "Les petits chanteurs"
HEIN ?
HEIN ?

AVEC AUTANT DE CONCURRENCE...
... UNE CARTE NE SUFFIRA PAS.
N'UTILISE PAS AUTANT DE CARTES POSTALES.
J'EN AI BESOIN.
T'AS VRAIMENT ENVIE DE PASSER À LA TÉLÉ ?
OUI, J'EN AI TRÈS ENVIE.
CHANTE QUELQUE CHOSE POUR VOIR.
JE NE VEUX PAS CHANTER DEVANT LA TÉLÉ. JE VEUX PASSER À LA TÉLÉ !
ALLEZ ! CHANTE !
L'ÉCOLE DES POISSONS EST DANS LA RIVIÈRE...
PFFT ! C'EST RIDICULE.
BEAUCOUP D'AMIS SONT VENUS TE VOIR...

JE SUIS PASSÉ À LA TÉLÉ ?
MOI ?
QUELLE EST L'ÉMISSION DANS LAQUELLE TU VIENS DE PASSER ?
... TA TÊTE RESTAIT À L'ÉCRAN.
ON AVAIT BEAU CHANGER DE CHAÎNE...
... ÉTEINDRE LA TÉLÉ...
COMMENT AS-TU RÉUSSI EN CHANTANT AUSSI MAL ?
ALORS, ON PEUT DIFFUSER N'IMPORTE QUELLE ÉMISSION ?
TU AS COMPRIS ? QUAND ON POSE CETTE ANTENNE, LA TÉLÉ DEVIENT UNE CAMÉRA ET UNE CHAÎNE DE DIFFUSION. J'AI LIMITÉ LA DIFFUSION AU VOISINAGE, MAIS JE PEUX L'ÉTENDRE À TOUT LE JAPON.
TAP TAP TAP TAP TAP TAP
JE VEUX PASSER À LA TÉLÉ !

SI VOUS PASSEZ TOUS EN MÊME TEMPS, QUI VA VOUS VOIR ?
ATTENDEZ !
VOUS PASSEREZ QUAND CE SERA VOTRE TOUR. PATIENTEZ JUSQUE-LÀ.
NOUS ALLONS ÉTABLIR UNE GRILLE DES PROGRAMMES AVEC LE DIRECTEUR.
EXACTEMENT ! LE DIRECTEUR, C'EST MOI.
ON VA DIFFUSER DES ÉMISSIONS INTÉRESSANTES.
ON VA DÉCIDER DES PROGRAMMES.
LES INFORMATIONS ET AUSSI DES ÉMISSIONS ÉDUCATIVES !
LES ÉMISSIONS DE JEUX, C'EST CHOUETTE.
UNE ÉMISSION DE CUISINE, ÇA PLAIRA AUX MAMANS.
LES ÉMISSIONS DE CHANSONS ONT DU SUCCÈS. J'AIMERAIS AUSSI UNE SÉRIE. JE NE SAIS PAS SI ON POURRA.
DES SKETCHS, DES COMIQUES ...

BONJOUR ! HÉHÉ...
C'EST MOI ?! VOUS ME RECONNAISSEZ ? JE PASSE À LA TÉLÉ ?
PING PING
C'EST L'HEURE DES INFORMATIONS.
ON REÇOIT PLEIN D'APPELS.
EUH... LE PREMIER MINISTRE... A... DEVANT LA DIÈTE...
C'EST BOURRÉ DE MOTS QUE JE NE CONNAIS PAS.
MAINTENANT, VOICI LE "NOBITA NOBI ONE MAN SHOW" !
JE VAIS CHANTER DE BELLES CHANSONS ET FAIRE D'INCROYABLES TOURS DE MAGIE !
ILS DISENT QU'ILS ONT DÉJÀ LE JOURNAL.
LES INFORMATIONS SONT FINIES.
VOUS VOULEZ QUE J'ARRÊTE ?! TRÈS BIEN !
C'EST L'HEURE DE L'ÉMISSION DE CUISINE.
L'ÉCOLE DES POISSONS EST DANS LA RIVIÈRE...
ON EST SUBMERGÉS D'APPELS ! ILS EN ONT ASSEZ DE TE VOIR.

JE VOUS PRÉSENTE LE PROFESSEUR TAMAKO NOBi.
ASSEYEZ-VOUS, JE VOUS EN PRIE.
QU'Y A-T-iL ?
iL N'Y A RIEN À PRÉPARER. ON VA MANGER DES CROQUETTES DE PATATES EN PROMO, AVEC LE RESTE DE SOUPE DE CE MiDi ET DU PORC FRIT D'HIER.
DEMANDONS-LUI COMMENT ELLE VA PRÉPARER SON DÎNER.
TU AURAIS PU ME LE DIRE PLUS TÔT !
COMMENT ? CETTE TÉLÉ FAIT OFFICE DE CAMÉRA, ET C'EST RETRANSMIS DANS LE VOISINAGE ?
Veuillez patienter un instant.
NOUS AVONS UN PETIT TROU iNOPINÉ.
VA CHERCHER LE PROCHAIN iNVITÉ !

* DEKIROU : SIGNIFIE "BRILLANT" EN JAPONAIS.

** TOTEMO DEKIROU : SIGNIFIE "LETRÈS BRILLANT" EN JAPONAIS.

* ENVIRON 6 EUROS.

JE VAIS VOUS JOUER DU VIOLON.
ON T'ATTEN-DAIT !
UNE ÉMISSION POUR MOI ?
J'AI TROUVE UNE BONNE ACTRICE, MONSIEUR BAIN DE PIN.
OH OUI ! C'EST AMUSANT !
TU NE PRÉFÉRERAIS PAS JOUER DANS UNE PUB ?
TU ES DANS LE BAIN ET TU DIS...
... "QUEL BON BAIN CHEZ BAIN DE PIN".
SPLASH
JE NE T'OBLIGERAI PAS À LE FAIRE SI TU N'EN AS PAS ENVIE. NE ME FRAPPE PAS !

QUEL BON BAIN CHEZ BAIN DE PIN.
CETTE ÉMISSION A ÉTÉ SPONSORISÉE PAR BAIN DE PIN.
LES DEVOIRS SONT FINIS POUR AUJOURD'HUI.
JE VOUDRAIS FAIRE LA PUBLICITÉ DE MES GÂTEAUX ET DIRE COMBIEN ILS SONT DÉLICIEUX.
ALLONS-Y !
JE VOUDRAIS AUSSI...
... ÊTRE SPONSOR.
C'EST LE PÂTISSIER.
ON AVAIT PRÉVU UNE ÉMISSION DE CHANSONS.
C'EST MOI, LE SPONSOR DE L'ÉMISSION.
JE VAIS LES MANGER AVEC DÉLECTATION.
ON VA MONTRER LA PUBLICITÉ APRÈS MON SPECTACLE.
QUAND ON VOYAAAGE...
LE SPONSOR A TOUJOURS LE DERNIER MOT.
JE FERAIS MIEUX DE RÉPÉTER LA PUB.

CRUNCH ! CRUNCH ! HAM !
モグモグ パク
C'EST BON.
JE DOIS OUVRIR LA BOUCHE PLUS GRANDE, POUR QUE ÇA AIT L'AIR DÉLICIEUX. JE RECOMMENCE.
CE N'EST PAS SI ÉVIDENT. CRUNCH ! JE DOIS M'ENTRAÎNER DAVANTAGE. CRUNCH !
VOUS VOULEZ QU'IL ARRÊTE ?
ON NE PEUT PAS, C'EST LE SPONSOR.
T'ES UN PETIT GARS DE TOKYO ? MANGE DES SUSHIS.
MANGE DES SUSHIS.
OH NON ! JE NE PEUX PLUS RIEN AVALER.
ON CROULE SOUS LES APPELS.
COMMENT ? IL DÉPLAÎT TANT QUE ÇA ?
NOUS CONNAÎTRONS LA SUITE LA SEMAINE PROCHAINE.
AH BON ? ALORS, C'EST LA PUB ?
JE N'AI PLUS FAIM DU TOUT...
LES GÂTEAUX DE CHEZ DÉLICE...
... SONT VRAIMENT ...
ゲーップ
BLURP !
BEEURK !
オエ~
JE NE PEUX PAS MANGER ÇA !

IL M'A FRAPPÉ.
ON EN A ASSEZ D'ATTENDRE !
AAH!
CLING
YEAH!
RAAH.
OOH!
OUAIS!
CLING
LALA!
LA DIFFUSION EST TERMINÉE !

La stratégie du pot-de-vin

L'ÉQUIPE DES GIANTS EST AU FOND DU TROU EN CE MOMENT.
SI ON CONTINUE, ELLE SERA DERNIÈRE DANS LE CLASSEMENT DE LA SAISON.
ON VA ADOPTER UN SYSTÈME À DEUX ÉQUI-PES.
LES MAUVAIS SERONT RÉTROGRADÉS DANS L'ÉQUIPE 2.
ILS RAMAS-SERONT LES BALLES.
ET ILS NE JOUERONT PAS LES MATCHS.
SI VOUS CONNAISSEZ DE BONS JOUEURS, RAMENEZ-LES. ON VA RENOUVELER L'ÉQUIPE !
LA RÉUNION EST TERMINÉE !

C'EST...
C'EST VRAIMENT ATRO-CE.
SI ON NE PARTICIPE PAS AUX MATCHS PARCE QU'ON EST MAUVAIS...
... ON NE SERA JAMAIS MEILLEURS.
ÇA VEUT DIRE QUE JE NE JOUERAI PLUS JAMAIS AU BASEBALL.
GIANT EST TROP ATTACHÉ À LA VICTOIRE.
CE N'EST PAS ÇA, L'ESPRIT SPORTIF !
IL NE MÉRITE PAS D'ÊTRE NOTRE MANAGER.
OUIIIN ! OUIIIN !
IL Y A UNE CHOSE QUE JE NE COM-PRENDS PAS.
POURQUOI ES-TU SI SÛR DE PASSER EN ÉQUIPE 2 ?
C'EST PARCE QUE JE SUIS LE PLUS MAUVAIS DES JOUEURS.
C'EST LÀ QUE ÇA CLOCHE !
SI TU ES MAUVAIS, POURQUOI N'ESSAIES-TU PAS DE T'AMÉLIORER ?
TU POURRAIS DEVENIR LE MEILLEUR ET TIRER TON ÉQUIPE VERS LE HAUT !

JE SUIS RAVI QUE TU AIES COMPRIS.
JE VAIS ESSAYER !
MERCI ! TES PAROLES M'ONT OUVERT LES YEUX.
ガッシ
TAC
PRIORITÉ AUX ÉTUDES !
IL N'EN EST PAS QUES-TION.
ET LA COURONNE DU VAINQUEUR SERA À MOI !
JE M'ENTRAÎNERAI TOUS LES JOURS JUSQU'À LA TOMBÉE DE LA NUIT.
JE NE POURRAI PLUS JAMAIS JOUER AU BASE-BALL !
LÀ, C'EST SÛR ! JE VAIS ALLER EN ÉQUIPE 2.
JE TE CONFISQUE ÇA PENDANT UN MOMENT.
LE "POT-DE-VIN" !
CE N'EST PAS SUPER MAIS...
JE ME DISAIS BIEN QUE TU ALLAIS ME SORTIR QUELQUE CHOSE.

JE NE TE RENDRAI PAS TES AFFAIRES.
SI TU DEMANDES QUELQUE CHOSE EN DONNANT ÇA...
... ON NE POURRA RIEN TE REFUSER.
PRENDS-LE, S'IL TE PLAÎT.
C'EST QUOI, CE TRUC ?
AU FAIT, À QUOI ÇA SERT ?
NE CHERCHE PAS TROP À COMPRENDRE.
TU ES SÛR DE VOULOIR ME DONNER QUELQUE CHOSE D'AUSSI BIEN ?
BIEN SÛR. PEUX-TU ME RENDRE MA BATTE ET MA BALLE ?
OÙ EST-CE QUE TU VISES ?

BAM
TU NE VAS PAS ASSEZ VITE ! ESPÈCE D'ESCARGOT !
COURS PLUS VITE ! QUEL NUL !
T'ES PAS CAPABLE DE RÉCEPTIONNER UNE BALLE ?
OUI. TU AS RAISON.
VA-T'EN !
C'EST QUE TA NULLITÉ EST LOIN D'ÊTRE ORDINAIRE.
ARRÊTE DE ME CRITIQUER TOUT LE TEMPS !
PÔM
POM
BAM
C'EST MOI QUI AI MIS LA BALLE DANS LE MILLE.
TIENS ?!
J'AI RÉUSSI !

TU VEUX BIEN PARTICIPER AU MATCH DE DEMAIN ?
D'AC-CORD.
QUE DIS-TU DE LA PRÉCISION DE MON COUSIN ?
EXCEL-LENTE !
JE T'AI PRÉSENTÉ UN BON JOUEUR ; ALORS, NE ME METS PAS DANS L'ÉQUIPE 2.
ENTENDU.
VOILÀ UNE NOU-VELLE PERS-PEC-TIVE !
JE VAIS RENTRER ET FAIRE LA LISTE DE CEUX QUI FERONT PARTIE DE L'ÉQUIPE DE DEMAIN.
J'Y VAIS !
VOILÀ. C'EST DÉCIDÉ...
ALLEZ ! PRENDS-LE.
POURQUOI TU ME DONNES CE VIEUX TRUC DÉGOÛTANT ?
POURQUOI CETTE QUESTION ? C'EST ÉVIDENT QUE TU ES EN ÉQUIPE 2.
T'ES DUR !

JE PEUX VRAIMENT ACCEPTER ÇA ?
TU ES SÛR DE TOI ?
NON, JE NE PEUX PAS.
JE VAIS TE LE RENDRE.
MAIS NON !
TU N'AS QU'À ACCEPTER DE ME FAIRE JOUER LE MATCH DE DEMAIN.
TU AS MA PAROLE !
AVEC UN TEL CADEAU, JE TE DOIS AU MOINS ÇA.
JE T'AI FAIT UN REÇU. PRENDS-LE, S'IL TE PLAIT.
JE N'EN VEUX PAS.
MAIS... MAIS...
C'EST COMPLÈTEMENT INCOMPRÉHENSIBLE !
J'AI VU LA LISTE DES ÉQUIPIERS QUE TU AS REMISE À NOS ADVERSAIRES.
POURQUOI M'AS-TU EXCLU ET INTÉGRÉ NOBITA À MA PLACE ?
NE ME DEMANDE PAS UNE CHOSE AUSSI ÉVIDENTE !
C'EST PARCE QUE NOBITA EST PLUS NUL QUE TOI...
!
?

REGARDEZ CE QUE J'AI TROUVÉ.
AVEC NOBITA, ON EST SÛRS DE PERDRE.
C'EST VRAI QUE C'EST BIZARRE.
NE REMETS PAS EN CAUSE LA DÉCISION DU MANAGER !
LA FERME !!
JE NE M'EN SOUVIENS PAS.
J'EN SAIS RIEN.
ON AIMERAIT UNE EXPLICATION.
J'AI OUBLIÉ.
J'ai bien reçu un pot-de-vin de Nobi Nobita.
Takeshi Gôda
RESSU !
HONTE À TOI !
C'EST UN MEN-SONGE !
DIS-NOUS LA VÉRITÉ !
NOBITA A UNE MIGRAINE. IL NE PEUT PAS VOUS VOIR.
... TU N'AS PAS UN POIDS SUR TA CONSCIENCE ?
APRÈS AVOIR FAIT ÇA...
ÇA FAIT TOUTE UNE HIS-TOIRE.

TU VERRAS ! DEMAIN, JE VAIS ASSURER UN MAX !
C'EST VRAI. LA PROBABILITÉ N'EST PAS DE ZÉRO, MAIS...
QUI SAIT ? JE FERAI PEUT-ÊTRE UN TRÈS BEAU MATCH !
TU T'Y METS AUSSI, DORAEMON ?
LE MATCH EST ANNULÉ, NON ?
FSSS
FINALEMENT, IL PLEUT LE JOUR DU MATCH.
VAS-Y ! DONNE-TOI À FOND.
CELUI QUI A ACCEPTÉ LE POT-DE-VIN TIENT SA PROMESSE QUOI QU'IL ARRIVE.
QUOI QUE LES GENS DISENT, TU JOUERAS AU BASEBALL.

L'antenne d'anticipation

QUELQUE CHOSE TOMBAIT DU CIEL.
JE LE REGARDAIS EN ME DEMANDANT...
... CE QUE C'ÉTAIT ET...
TOI, ALORS !
VRAI-MENT...
QUAND QUELQUE CHOSE TE TOMBE DESSUS...
... IL FAUT L'ÉVITER OU ESSAYER DE LE RÉCEPTIONNER.
IL NE FAUT PAS ATTENDRE QU'IL TE TOMBE DESSUS. ESSAIE D'ANTICIPER !
RELÈVE-TOI AVANT DE TRÉBUCHER.
RAMASSE QUELQUE CHOSE AVANT DE LE FAIRE TOMBER, PAR EXEMPLE.
TU ES TOUJOURS EN RETARD.
TU ES TROP LENT.

SI JE TE LAISSE PARLER...
... TU DIS VRAIMENT N'IMPORTE QUOI !
JE NE SUIS PAS DIEU.
JE NE PEUX PAS ANTICIPER DE TELLES CHOSES.
SI, TU PEUX !
GRÂCE À ÇA.
L'"ANTENNE D'ANTICIPATION" !
QUAND TU LA PORTES, AVANT QU'UN ÉVÉNEMENT SURVIENNE, TU PEUX...
IL VA SE PASSER QUELQUE CHOSE !
ALORS ? QUE VA-T-IL SE PASSER ?
QUELQUE CHOSE DE BIEN ? DE MAL ?
JE N'EN SAIS RIEN.
MON CORPS BOUGE TOUT SEUL...

VLAN
POURQUOI TU SORS UN OREILLER ?
JE N'EN SAIS RIEN.
MAIS JE SAIS QU'IL VA BIENTÔT M'ÊTRE UTILE.
AAAAH !
COUIC
チョロ
BOUM
DORAemon !
ÇA VA ?
TU AS VU L'EFFICACITÉ DE CETTE ANTENNE ?
GRÂCE À CET OREILLER, JE NE ME SUIS PAS FAIT MAL.
C'EST TOUT ?
CE N'EST PAS TRÈS IMPRESSIONNANT.
NE FAIS PAS L'ENFANT GÂTÉ. ESSAIE-LE.
NOBITA !

QU'EST-CE QU'IL Y A, MAMAN ?
TU LE COUPES EN MORCEAUX ET TU EN FAIS DES BOULES.
TU LE MÂCHES.
DU CHEWING-GUM ?
ASSIEDS-TOI ICI !
QU'EST-QUE JE FABRIQUE ?
ET TU LES METS DANS TES OREILLES ?
ÇA A ÉTÉ. JE N'AI RIEN ENTENDU.
COMMENT S'ARRANGE-T-IL POUR SE FAIRE TOUJOURS DISPUTER ?

HE !
PAPA NOUS APPELLE.
IL EST PAR ICI.
UN BRIQUET ?
VOUS N'AURIEZ PAS VU MON BRIQUET ?
TIENS ?!
JE LE CHERCHAIS. COMMENT L'AS-TU DEVINÉ ?
AH BON ? C'EST GRÂCE À "L'ANTENNE D'ANTICIPATION" ?
TU VEUX BIEN ME LA PRÊTER UN PEU ?
JE DOIS JUSTEMENT SORTIR.
C'EST VRAI QUE PAPA EST ASSEZ ÉTOURDI.
ÇA TE SERA UTILE.

UNE LONGUE-VUE, UN PANTALON ET UNE BOITE À NOURRITURE...
IL A DES CHOSES À PRÉPARER AVANT DE PARTIR.
TCHAC
セカ
セカ
TCHAC
MAIS AVEC CETTE ANTENNE, TU NE PEUX PAS TE TROMPER.
ON N'EN SAIT RIEN.
... TOUT ÇA AVEC MOI ?
POURQUOI DOIS-JE EMPORTER...
CELA ME TITILLE.
JE ME DEMANDE CE QU'IL VA M'ARRIVER.
SPLASH
QUE VOUS EST-IL ARRIVÉ ?
OH !

* OHAGI : GÂTEAUX DE RIZ ENROBÉS DE PÂTE DE HARICOTS ROUGES.

SI VOUS LES AIMEZ TANT, PRENEZ-EN CHEZ VOUS.
JE N'EN AI JAMAIS MANGÉ D'AUSSI BONS.
ILS SONT DÉLICIEUX.
TU FAIS VRAIMENT PREUVE DE PRÉVENTION.
... JE NE PEUX PAS ACCEPTER ÇA...
NON ...
JE PRÉFÈRE NE PAS UTILISER CETTE ANTENNE.
POURQUOI FAIS-TU LA TÊTE ALORS QUE TOUT T'A ÉTÉ UTILE ?

Le sac à portée de main

TRISTOUNET
TU T'ES FAIT DISPUTER À L'ÉCOLE ?
COMMENT AS-TU DEVINÉ ?
PARCE QUE TU AS OUBLIÉ TON CAHIER ET TES LIVRES.
JE TE LE DIS TOUJOURS. DÈS QUE TU RENTRES DE L'ÉCOLE, PRÉPARE TES AFFAIRES POUR LE LENDEMAIN.
J'AI OUBLIÉ MON CARTABLE À L'ÉCOLE !
T'AS PAS UN REMÈDE POUR NE PAS OUBLIER SES AFFAIRES ?
JE N'AI PAS DE REMÈDE...
... MAIS, J'AI...
JE SUIS PRENEUR DE TOUT !

JE SUIS UN GARÇON ! JE N'EN AI PAS L'AIR ?
TU FERAIS BIEN DE GARDER CE SAC AVEC TOI.
TOUT EN DISANT "MON CAHIER"...
IMAGINE QUE TU AILLES À L'ÉCOLE EN OUBLIANT TON CAHIER.
ÉCOUTE-MOI D'ABORD.
OH !
... TU PLONGES LA MAIN DANS LE SAC.
AVEC CE SAC, TU PEUX RÉCUPÉRER N'IMPORTE QUOI, OÙ QUE TU SOIS.
MON CAHIER !
ET DU SAC SORT...

LE VOILÀ !
POF
MON CARTABLE QUE J'AI OUBLIÉ À L'ÉCOLE.
HÉ, NOBINETTE ! T'ES MIGNONNE AVEC TON SAC À MAIN !
JE VAIS ME VANTER DE CE SAC AUPRÈS DES AUTRES.
JE PEUX SORTIR N'IMPORTE QUOI.
QUOI ? TU VAS NOUS FAIRE UN TOUR DE MAGIE INCROYA-BLE ?!
Hiiii !
JE VAIS COMMENCER PAR SORTIR MON GOÛTER.

CLAP
UN FANTÔME !!
CLAP
OUILLE !
ELLE M'A TAPÉ.
CETTE FOIS, JE VEUX LES LUNETTES DE MAMAN.
OH NON !
CLAP CLAP
ALORS ? ÇA VOUS ÉPATE ?
CE N'EST PAS ÉTONNANT DE TROUVER DES CHOSES COMME ÇA DANS UN SAC.
SI C'EST DE LA MAGIE, SORS DES CHOSES PLUS SURPRE-NANTES.
VOUS ALLEZ VOIR...
SAVEZ-VOUS CE QUE C'EST ?
ÇA ME DIT QUELQUE CHOSE...
JE VAIS VOUS EN LIRE UN EXTRAIT ...
"3 MAI AUJOURD'HUI ENCORE, JE ME CONTEMPLE DANS LE MIROIR. QUE JE SUIS BEAU !"

* FUTON : LIT TRADITIONNEL JAPONAIS.

LES VOiLÀ.
MAiS HEUREUSEMENT, J'Ai MON SAC.
JE LES Ai OUBLiÉES.
TU M'AS JOUÉ UN TOUR ? VIENS ICI !
QU'iL EST PRATiQUE ! JE VAiS TE L'EMPRUNTER UN PETiT MOMENT.
AVEC ÇA, OÙ QUE TU FiLES...
NOBiTA !
TAC

L'échangeur des parties du corps

ALLEZ, S'IL TE PLAÎT ! VIENS AVEC MOI. ÇA SERA RAPIDE.
JE SUIS EN TRAIN DE REGARDER UNE ÉMISSION INTÉRESSANTE À LA TÉLÉ.
C'EST QUOI LE SERVICE QUE TU VEUX ME DEMANDER ?
J'AI TOUJOURS RÊVÉ DE FAIRE MES DEVOIRS...
... EN UN CLIN D'OEIL.
SANS EFFORT... CELA DOIT ÊTRE TELLEMENT AGRÉABLE.
TU N'AS QU'À LE FAIRE.
CE N'EST PAS SI SIMPLE.
JE NE SUIS PAS INTELLIGENT.
MAIS TOI, TU L'ES. HÉHÉ...
ATTENDS ! OÙ EST-CE QU'ON VA COMME ÇA ?
JUSTE LÀ.

C'EST L' "ÉCHANGEUR" DES PARTIES DU CORPS".
LA MACHINE EST TROP GRANDE POUR UNE MAISON.
IL PERMET D'ÉCHANGER DES PARTIES DE SON CORPS AVEC CELLES D'UN D'AUTRE.
JE VOUDRAIS ÉCHANGER NOS TÊTES PENDANT UN PETIT MOMENT.
TU VEUX BIEN EXAUCER SON HUMBLE SOUHAIT DE VOULOIR ÊTRE INTELLIGENT UNE FOIS DANS SA VIE ?
JE NE M'ATTENDAIS PAS À ÇA...
ENTREZ TOUS LES DEUX DANS LES CABINES.

C'EST FINI. VOUS POUVEZ SORTIR.
VRRR
ギク ギク ギク
VRRR
VRRR
J'APPUIE SUR LE BOUTON DE LA TÊTE.
JE DOIS ME DÉPÊCHER DE RENTRER POUR REGARDER LA TÉLÉ.
VOILÀ ! JE VAIS POUVOIR FAIRE FACILEMENT MES DEVOIRS.
... ÇA REVIENT À ÉCHANGER VOTRE IDENTITÉ !
ÉCHANGER VOS TÊTES...
BIEN SÛR !
HEIN ?
IL ME SEMBLAIT POURTANT QUE C'ÉTAIT UNE BONNE IDÉE.
LE RÉSULTAT SERA TOUJOURS LE MÊME.
ARRÊTE ! C'EST INUTILE.
ATTENDS ! IL FAUT RECOMMENCER.

JE N'AI PAS ENVIE DE RESTER DANS CETTE TENUE.
ÇA NE PLAIRA PAS À SHIZUKA NON PLUS.
ELLE REVIENDRA VITE NOUS VOIR.
POURQUOI ME REGARDES-TU AVEC CE SOURIRE ?
POUR RIEN. EN FAIT...
... J'AI TOUJOURS EU UN RÊVE SECRET.
OUI. TU SAIS... JE SUIS COURT SUR PATTES.
ALORS, J'AI TOUJOURS RÊVÉ D'AVOIR DE LONGUES JAMBES.
COMMENT ? TU VEUX M'EMPRUNTER SES JAMBES ?
SI JE PRÊTE UNE PARTIE DE SON CORPS, SHIZUKA SERA SÛREMENT FÂCHÉE.
JE TE LES RENDS TOUT DE SUITE.
JE VAIS JUSTE FAIRE UN TOUR EN COURANT AVEC CES LONGUES JAMBES, POUR APPRÉCIER LEUR RAPIDITÉ.
ET APRÈS, JE TE LES RENDS.
J'APPUIE SUR LE BOUTON DES JAMBES.

JE VAIS ME PRENDRE EN PHOTO POUR AVOIR UN SOUVENIR.
OH ! C'EST MAGNIFIQUE !
スラーッ
SS
DORAEMON ! REVIENS VITE !
?
?
MOI AUSSI, J'AI UN RÊVE DEPUIS TOUJOURS !
COMMENT ? UN ÉCHANGEUR DE PARTIES DU CORPS ?
QUE T'EST-IL ARRIVÉ ?
J'AIMERAIS BIEN AVOIR SES BRAS.
J'AI TOUJOURS VOULU DE LONGS BRAS AVEC DES DOIGTS FINS.

IL FAUT APPUYER SUR LE BOUTON DE LA MAIN, C'EST ÇA ?
BAH QUOI ? CES BRAS NE SONT MÊME PAS À TOI.
JE PENSE QUE CE N'EST PAS UNE BONNE IDÉE.
C'EST EXACTEMENT CE QU'IL ME FAUT.
DE VRAIES MAINS D'ARTISTE …
TAC
TAC
OH…
J'AI TOUJOURS VOULU ÊTRE MINCE…
J'AI APPRIS LA NOUVELLE !!
MOI AUSSI, J'AI UN RÊVE.
C'EST GÉNIAL !!
JE ME SENS LÉGER COMME UN OISEAU.
IL N'Y A QU'À MOI QUE TU REFUSES DE FAIRE L'ÉCHANGE ?

JE NE VOULAIS PAS. MAIS LES AUTRES ONT INSISTÉ.
QU'EST-CE QU'IL T'EST ARRIVÉ ?
QUEL TOUPET !!
À BIEN REGARDER, C'EST LE CORPS DE NOBITA.
DÉBROUILLEZ-VOUS !
C'EST DEVENU TRÈS COMPLIQUÉ.
ATTENDS ! CES BRAS SONT LES MIENS.
NOBITA ET MOI DEVONS CHANGER D'ABORD NOS BRAS.

Le distributeur automatique avec machine du temps incorporée

* 90 CENTS.

** 60 EUROS.

JE SUIS DÉSOLÉ !
FERMÉ
JE VAIS ENVOYER DORAEMON.
IL DOIT Y AVOIR UN DISTRIBUTEUR AUTOMATIQUE À CÔTÉ. VAS-Y.
POURQUOI TU ME DIS ÇA AVEC UN AIR AUSSI ENJOUÉ ?
IL A DÛ SORTIR.
ON DIRAIT UN DISTRIBUTEUR AUTOMA-TIQUE...
MAIS DE QUOI ?
1933
QU'EST-CE QUE ÇA PEUT BIEN ÊTRE ?
EN PLUS, IL A LAISSÉ ÇA.

CE SERAIT CHOUETTE S'IL DISTRIBUAIT DES CHERRY.
JE VAIS ES-SAYER.
ON DOIT METTRE L'AR-GENT ICI...
... ET TIRER SUR CETTE MANET-TE.
CLANG
VRRRR
ZWIP
VLAN
VLAN
J'AI EU TOUS CES PAQUETS DE CIGARETTES POUR 150 YENS ?
L'APPAREIL EST PEUT-ÊTRE DÉRÉGLÉ.

* ENVIRON 90 CENTS.

* SEN : MONNAIE DIVISIONNAIRE, LE CENTIÈME DU YEN.

** DÉBUT DE L'ÈRE SHOWA : 1926.

1,20 EURO.

* 0,15 EURO.

* VPK : VEST POCKET AUTOGRAPHIC.

OUI. MAIS VOUS DEVEZ ME PAYER À L'AVANCE.
... À MOITIÉ PRIX ?
QUOI ? ON PEUT ACHETER DES FRIANDISES ET DES OBJETS ...
BIEN SÛR ! JE VAIS GAGNER DE L'ARGENT AVEC CE DISTRIBUTEUR.
ET JE POURRAI M'ACHETER UN NOUVEL APPAREIL PHOTO.
4 SENS
TOMOE
CRAYON
MORINAGA'S
CHOCOLAT AU LAIT
30 SENS
1 YEN ET 40 SENS
1 YEN = 100 SEN = 0,01 EURO.
CARAMEL
MORINAGA'S MILK CARAMEL
10 SENS
TOUT LE MONDE EST CONTENT, ET MOI JE M'ENRICHIS.
N'EST-CE PAS IDÉAL ?
JE VEUX LE CRAYON À 1 YEN.
... MAIS C'EST PAS CHER.
LE DESIGN EST PARTICULIER...
JE VAIS ACHETER QUELQUE CHOSE QUE JE N'AI PAS L'HABITUDE DE MANGER.
SI LE DISTRIBUTEUR CONTIENT UNE MACHINE DU TEMPS, ON PEUT ACHETER AUSSI DES CHOSES DU FUTUR.
JE VAIS ACHETER QUELQUE CHOSE AU DISTRIBUTEUR.
SI JE CONTINUE COMME ÇA, JE SERAI MILLIONNAIRE.
JE VAIS FÊTER ÇA.

DES FRIANDISES DU FUTUR ! DE 100 ANS PLUS TARD !
C'EST BON !!
HAM! HAM!
C'EST LA PREMIÈRE FOIS QUE JE MANGE UNE CHOSE PAREILLE.
À CHAQUE BONBON, JE SUIS ÉMU.
TOC TOC
HM ?
C'EST VRAI. JE N'AVAIS PAS ENCORE PAYÉ.
230 000 YENS* ?
¥230.000
JE NE PEUX PAS PAYER UNE TELLE SOMME. AU SECOURS !

* 1400 EUROS.

La fabuleuse découverte de fossiles !

Pins
Endroit où sont enterrées des pièces d'or
Falaise
Nord
Bambous
JE NE CROIS PAS AUX CARTES AU TRÉSOR !!
GRRRRR !!
CRAC
JE T'AVAIS DIT DE NE PAS Y CROIRE.
ON EST LE 1er AVRIL. SUNÉO ET SES COPAINS T'ONT SÛREMENT FAIT UNE BLAGUE.
JE REGRETTE D'AVOIR CREUSÉ UN SI GROS TROU.

VOiLÀ UN CONFRÈRE !
TOC
TOC
QUOi ? VOUS CHERCHEZ UN FOSSiLE ?
ON VOUS A SÛREMENT MENTi. C'EST LE POiSSON D'AVRiL.
UN CONSEiL : N'iNSiSTEZ PAS.
CLANG
CREUSONS ! C'EST PLUS AMUSANT QUE LA CHASSE AU TRÉSOR !
Si JE ME FiE À MON FLAiR, CE GENRE DE COUCHE DE BOUE AVEC DES TROUS...
Y EN A iCi ?
iL N'EST PAS SYMPA, CE ViEUX MON-SiEUR.
POUR QUi SE PREND-iL ?
VOUS ALLEZ CASSER LES PRÉCIEUX FOSSiLES !
VOUS VOUS Y PRENEZ N'iMPORTE COMMENT !!

OÙ ÉTIEZ-VOUS PASSÉS ? VENEZ DÉJEUNER.
AH ! ON S'EST FAIT BIEN AVOIR.
J'AIMERAIS AUSSI JOUER UN TOUR À QUELQU'UN.
!
PST... PST... D'ACCORD ?
C'EST DRÔLE !
ET AUSSI... PST... O.K. ?
ON ENTERRE LES ARÊTES DE POISSON ET LES COQUILLAGES.
ON POSE LE TISSU DU TEMPS.
ON RECULE LE TEMPS DE PLUSIEURS MILLIONS D'ANNÉES...
ET VOILÀ DES FOSSI-LES !

MON INTUITION N'ÉTAIT PEUT-ÊTRE PAS BONNE.
JE N'EN TROUVE PAS.
IL EST ENCORE LÀ.
ON A DÉTERRÉ CES PIERRES BIZARRES.
ENCORE CES ENQUIQUI-NEURS...
MONSIEUR !
HM ?
ÉVIDEM-MENT !
TANT QUE ÇA ?
C'EST UNE GRANDE DÉCOUVERTE !

C'EST UNE PREMIÈRE MONDIALE !
MAIS CEUX-LÀ SONT SEMBLABLES À CEUX D'AUJOURD'HUI !
LES POISSONS ET LES COQUILLAGES ONT ENCORE LEUR FORME PRIMITIVE.
LES FOSSILES REFLÈTENT LA VIE D'IL Y A DES MILLIONS D'ANNÉES.
CLANG
CLANG
ガツーン
ガリーン
JE VAIS EN TROUVER AUSSI.
CHUT !
NORMAL ! C'EST LE RESTE DE NOTRE DÉJ...
ON S'EST BIEN AMUSÉS.
Hi Hi Hi Hi !
HA HA HA HA !
C'EST TROP FLAGRANT. IL VA S'EN APERCE-VOIR.
DÉCHET-TERIE
ON VA FABRIQUER DES FOSSILES ENCORE PLUS ÉTRANGES.

ON VA TOUT TRANS-FORMER EN FOSSILES.
AH, D'ACCORD ! DANS CE CAS, ALLONS-Y.
OUI. ET ON LUI AVOUERA QUE C'EST UN POISSON D'AVRIL ET ON RIRA TOUS ENSEMBLE.
TIENS ?! IL N'EST PLUS LÀ.
IL A LAISSÉ SES OUTILS. IL VA REVENIR.
GRAT
ON VA LES ENTERRER ICI.
GRAT
C'EST LÀ QUE LES FOSSILES ONT ÉTÉ TROUVÉS.
JE SUIS CONTENTE QUE TES EFFORTS SOIENT ENFIN RÉCOMPENSÉS.
CE SONT EUX QUI LES ONT TROUVÉS.
MERCI.
MERCI BEAU-COUP.
TAC

MON PÈRE RÊVE D'ÊTRE ARCHÉOLOGUE DEPUIS QU'IL EST ENFANT.
MAIS IL N'A PAS PU LE DEVENIR POUR DIVERSES RAISONS.
C'EST SEULEMENT QUAND IL EST DEVENU VIEUX QU'IL A PU SE CONSACRER À SES RECHERCHES.
C'EST POUR ÇA QU'IL EST D'AUTANT PLUS HEUREUX, AUJOURD'HUI.
QUE FAIS-TU ?
VIENS VITE M'AIDER.
OUI, J'ARRIVE.
OH NON ! AVOUE-LUI VITE ET EXCUSE-TOI.
NON ! C'EST À TOI DE T'EXCUSER !
ALORS ON Y VA ENSEMBLE. 3, 2, 1...
EUH... C'EST QUE...
EN FAIT... ON...
QU'Y A-T-IL ?
J'AI FAIT UNE ÉNORME DÉCOUVERTE ! VITE ! VITE !
ÉCOUTEZ-NOUS !

* ARCHAEOPTERYX : LE PLUS ANCIEN OISEAU CONNU.

ÉCOUTEZ-NOUS !
C'EST VRAIMENT CHOUETTE !
JE SUIS SI HEUREUSE POUR TOI, PAPA !
ON VA FAIRE LE CHEMIN INVERSE AVEC LE TISSU DU TEMPS.
C'EST LA VÉRITÉ.
OH NON...!
COMMENT ? UN POISSON D'AVRIL ?
Pfuit
Pfuit
ÇA VA ?
!
GRAT
GRAT
SS
SS

CE N'EST QU'UN TRILO-BITE.
HOP
ヒョイ
GRAT
ゴソ
GRAT
ゴソ
Hiii ! PARDONNEZ-NOUS !
HE ! ATTENDEZ !!
UN TRILOBITE ?
UN VRAI FOSSILE S'ÉTAIT MÊLÉ AU RESTE, ET LE TISSU DU TEMPS L'A FAIT REVIVRE.
ALORS ÇA VEUT DIRE...
C'EST IMPOSSIBLE À FABRIQUER.
COMMENT AVEZ-VOUS FABRIQUÉ ÇA ?
C'EST LA PLUS GRANDE DÉCOUVERTE DU SIÈCLE !
EN PLUS, IL EST VIVANT ET IL BOUGE !
ET C'EST UNE ESPÈCE INCONNUE. C'EST UNE PREMIÈRE MONDIALE !

?
BOUTIQUE FUJIKO
MERCI POUR LA CARTE ! ON A TROUVÉ UN MAGNIFIQUE TRÉSOR.

Le meilleur ami de Giant

QUOI ?
DONNE-MOI UNE BOMBE !
DORA-emoooon !
DÈS QU'IL ME VOIT, IL TROUVE TOUJOURS UNE RAISON DE ME FRAP-PER.
ALLONS, ALLONS ! CALME-TOI.
JE VAIS LA LANCER SUR GIANT ET JE ME TUERAI ENSUITE.
C'EST N'IMPORTE QUOI !
... DÈS QU'IL T'EMBÊTAIT TU ÉTAIS GENTIL AVEC LUI ?
JE COM-PRENDS QUE TU SOIS DÉSES-PÉRÉ.
SI TU TE VENGES, IL SE VENGERA À SON TOUR. C'EST SANS FIN.
ET SI, AU CON-TRAIRE...
GIANT !
IL FINIRA PAR COMPRENDRE TA GENTILLESSE, ET VOUS DEVIENDREZ AMIS.
TU CROIS QUE ÇA VA MARCHER ?

TU VEUX DEVENIR CHANTEUR, N'EST-CE PAS ?
C'EST QUOI ?
TU AS QUELQUE CHOSE À REDIRE POUR TOUT À L'HEURE ?
EUH... NON. JE VEUX JUSTE TE PRÊTER UN TRUC GÉNIAL.
CROAAA
IL A TOUJOURS UNE VOIX AUSSI ATRO-CE.
J'AI TOUJOURS RÊVÉ DE SORTIR UN DISQUE !
OUAIS !!
DISQUE NOBITA
LE RÊVE D'AMOUR D'UNE JEUNE FILLE
TAKESHI GÔDA
C'EST FAIT.
POF

ON VA L'ÉCOUTER.
C'EST LA CHANSON QUE JE VIENS DE CHANTER ?
OUI, J'EN AI FAIT UN DISQUE.
POF
ON PEUT EN FAIRE AUTANT DE COPIES QUE TU VEUX.
POF
HMM...
J'AI BEAU LES CONNAÎTRE, JE SUIS TOUJOURS ÉMU PAR MES CHANSONS.
ÉMU
しみじみ
TAC
POF
POF
DISQUE NOBITA
LE RÊVE D'AMOUR D'UNE JEUNE FILLE
ON PEUT MÊME CRÉER DES JAQUETTES.
JE VAIS POUVOIR VIVRE EN PAIX.
TAKESHI !!
À PARTIR D'AUJOURD'HUI, TU ES MON MEILLEUR AMI !

APPROCHEZ ! APPROCHEZ !
EN VENTE
UN JEUNE CHANTEUR PROMETTEUR !!
LE RÊVE D'AMOUR D'UNE JEUNE FILLE
TAKESHI GÔDA CHANTE AVEC DOUCEUR ET MÉLANCOLIE.
LE GRAND HIT DU MOMENT !
OH ! QUELLE HISTOIRE !
QUOI ? GIANT VEND SON DISQUE ?
HÉ ! NE PASSE PAS PAR LÀ.
COMMENT SE FAIT-IL QUE PERSONNE NE PASSE ?
J'AI AUCUNE ENVIE QU'IL ME FORCE À EN ACHETER UN.
FAISONS UN DÉTOUR.
HÉ ! QU'EST-CE QUI SE PASSE ?
JE VAIS FAIRE ATTENTION.
MIEUX VAUT ÉVITER DE PASSER PAR LÀ.

TU AS SORTI UN DISQUE ? POURQUOI TU NE NOUS L'AS PAS DIT PLUS TÔT ?
DÉSOLÉ. JE T'APPELLERAI LA PROCHAINE FOIS.
ÇA SE VEND COMME DES PETITS PAINS.
JE NE PENSAIS PAS QUE MES CHANSONS PLAISAIENT AUTANT.
じ〜ん
ÉMU
ON VA ENTENDRE MA CHANSON PARTOUT PENDANT UN MOMENT...
JE NE L'ENTENDS PAS...
HÉ ! T'AS ÉCOUTÉ MON DISQUE ?
BIEN SÛR ! JE L'AI TELLEMENT ÉCOUTÉ QU'IL EST PRESQUE RAYÉ.
CHANTE LE DÉBUT POUR VOIR.
HEIN ?
MENTEUR !!
BOUM
CROAA
AUGMENTE LE VOLUME.

* KÔHAKU DE LA NHK : CONCOURS ANNUEL DE CHANSONS À LA TÉLÉ, SUR LA CHAÎNE NHK.

DORAEMON 11. Fin. Suite au volume 12.

GRANDE ENCYCLOPÉDIE DE DORAemon

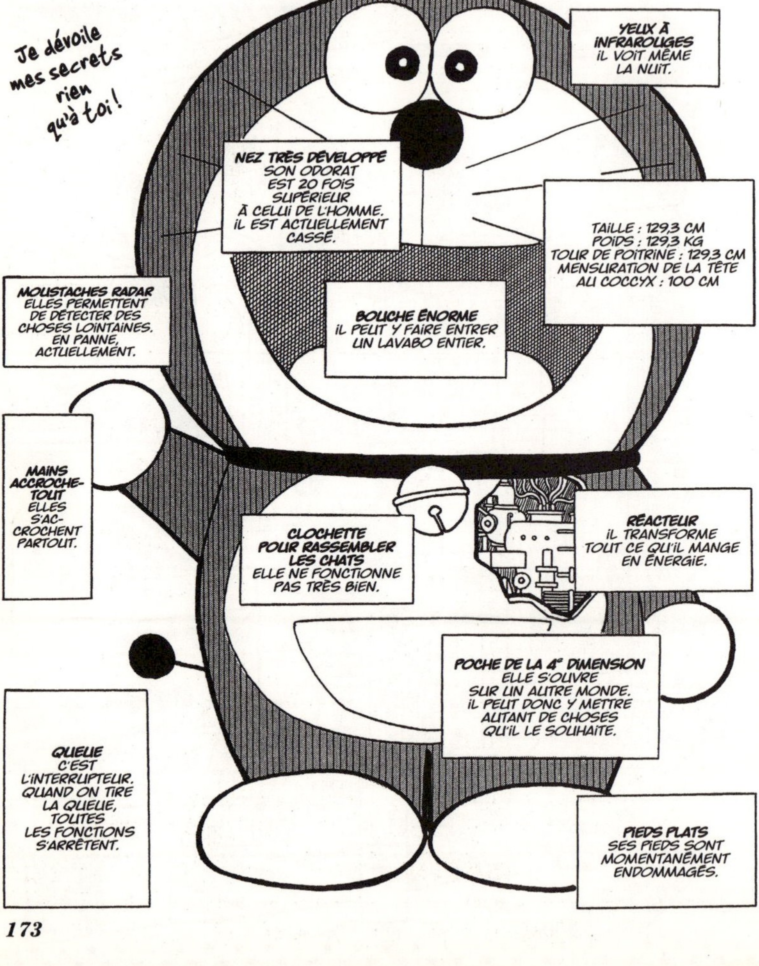

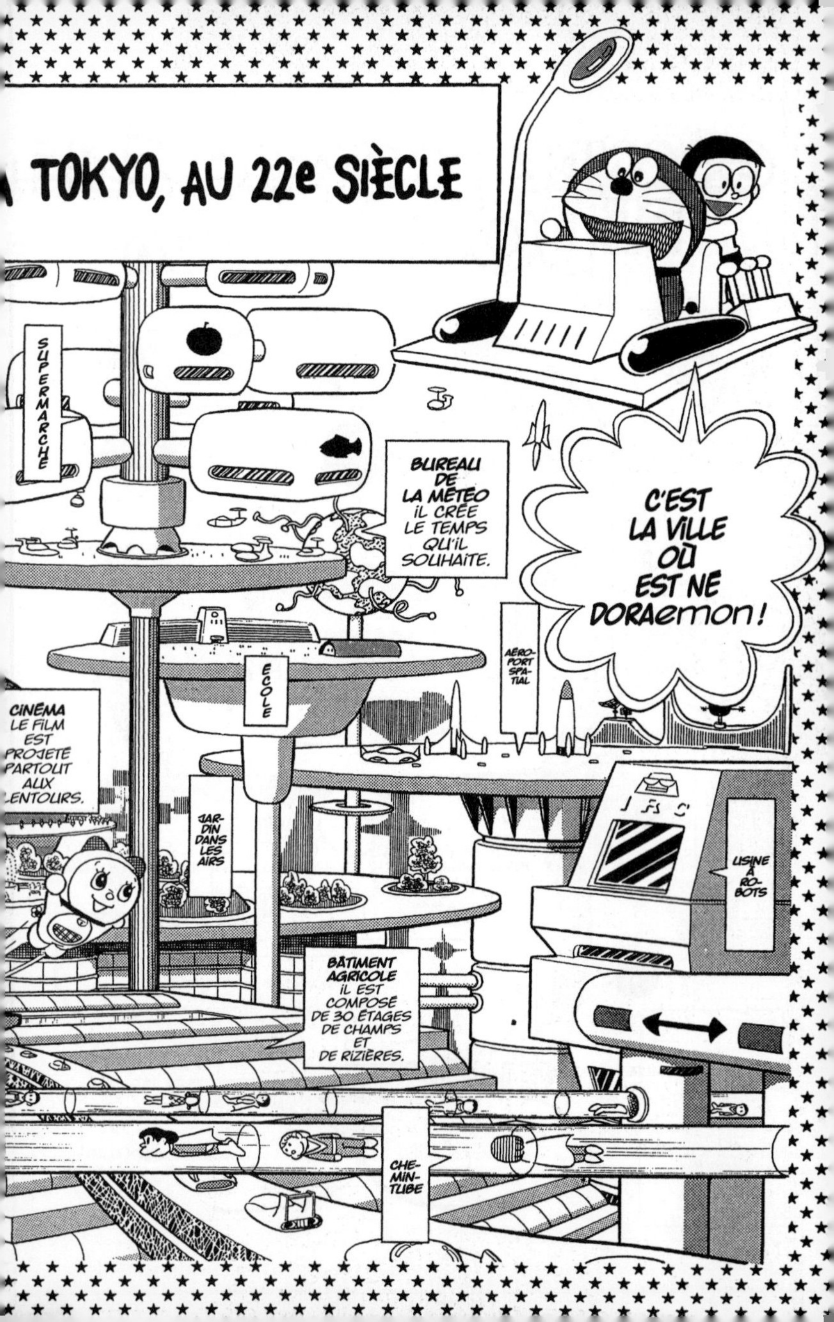
TOKYO, AU 22e SIÈCLE
SUPERMARCHÉ
BUREAU DE LA MÉTÉO IL CRÉE LE TEMPS QU'IL SOUHAITE.
C'EST LA VILLE OÙ EST NÉ DORAEMON !
AÉRO-PORT SPA-TIAL
ÉCOLE
CINÉMA LE FILM EST PROJETÉ PARTOUT AUX ALENTOURS.
JAR-DIN DANS LES AIRS
USINE À RO-BOTS
BÂTIMENT AGRICOLE IL EST COMPOSÉ DE 30 ÉTAGES DE CHAMPS ET DE RIZIÈRES.
CHE-MIN-TUBE

DORAemon EST N
SALLE D'APE-SAN-TEUR
PISCINE BOULE
ASCENSEUR
LES MURS ET LE SOL SONT DES TRAMPOLINES
TAPIS ROULANT
PORTE D'EN-TRÉE
COUR INTÉRIEURE ON PEUT CHANGER LE DÉCOR SELON SON ENVIE : MER, MONTAGNE...
LA TÉLÉ-VISION COULEUR EN 3D DE 2,50 MÈTRES
TÉLÉVISEUR TRAITEUR IL LIVRE DES PLATS FABRIQUÉS DANS DES RESTAURANTS.
IL SUFFIT D'APPUYER SUR UN BOUTON POUR QUE LE MUR DEVIENNE TRANSPARENT OU OPAQUE.
TÉLÉ-PHO-NE
LES VÊTEMENTS VAPORISÉS ON VAPORISE SUR SOI LES VÊTEMENTS DE SON CHOIX.
SALLE DE BAINS DU SAVON EN SPRAY VOUS NETTOIE.
W.-C.
CHAMBRE À COUCHER

L'ALBUM SOUVENIR DE DORAemon

AVEC ÇA, ON PEUT VOIR LA SCÈNE SUIVANTE D'UNE IMAGE.
JE VAIS L'ASPERGER DE "VAPORISATEUR QUI MONTRE LA SUITE"...
JE SUIS VENDU EN PROMO, CAR J'ÉTAIS DÉFECTUEUX.
BRIC-À-BRAC
J'AI V LES DORAY ET J'AI
ELLE DIT : "JE PRÉFÈRE LES MINCES."
DEPUIS CE JOUR, JE DÉTESTE LES SOURIS.
ELLE EXPLOSE DE RIRE EN ME VOYANT.
C'EST LA SUITE DE CETTE SCÈNE...
HA HA HA HA !

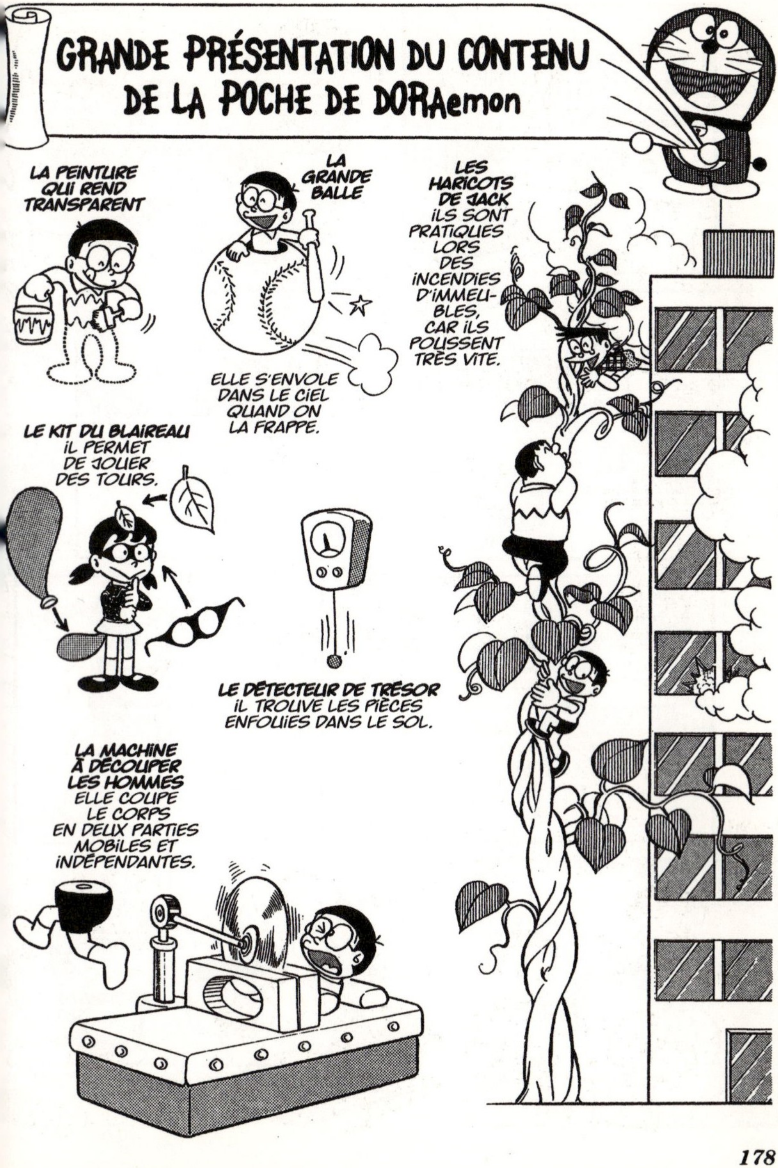
GRANDE PRÉSENTATION DU CONTENU DE LA POCHE DE DORAemon
LA PEINTURE QUI REND TRANSPARENT
LA GRANDE BALLE
ELLE S'ENVOLE DANS LE CIEL QUAND ON LA FRAPPE.
LE KIT DU BLAIREAU IL PERMET DE JOUER DES TOURS.
LE DÉTECTEUR DE TRÉSOR IL TROUVE LES PIÈCES ENFOUIES DANS LE SOL.
LA MACHINE À DÉCOUPER LES HOMMES ELLE COUPE LE CORPS EN DEUX PARTIES MOBILES ET INDÉPENDANTES.
LES HARICOTS DE JACK ILS SONT PRATIQUES LORS DES INCENDIES D'IMMEUBLES, CAR ILS POUSSENT TRÈS VITE.

LES RACINES SE TRANSFORMENT EN PIÈCES.
L'ARBRE À STUDIOS
LE ROUGE À LÈVRES ÉLÉPHANT
LA LÈVRE SUPÉRIEURE SE TRANSFORME EN NEZ D'ÉLÉPHANT QUAND ON EN APPLIQUE.
LA MINITÊTE
SI ON MET DES MINITÊTES SUR LES JAMBES ET SUR LES BRAS, ON PEUT BOUGER EN DORMANT.
GIANT EST STUPID
LA COLLINE-ÉCHO
DES PAROLES PRONONCÉES PLUSIEURS HEURES AUPARAVANT RETENTISSENT SOUS FORME D'ÉCHO.
LA FLÈCHE TRANSPORT
LA LOUPE GROSSISSANTE
ELLE GROSSIT RÉELLEMENT CE QU'ON VOIT À TRAVERS.
TROU VOLTIGEU
AU LIEU DE LA FAIRE TOMBE DANS LE TROU, IL ENVOIE VALSE EN L'AIR LA PERSONNE PIÉGÉE.
VIUM
?
LE COLLIER DARE-DARE
QUAND ON L'APPELLE, IL RAPPLIQUE OÙ QU'IL SE TROUVE.
LE JEU DE SUMO TÉLÉGUIDÉ
LE KIT DU CYBORG
ON PEUT SE CUSTOMISER À LOISIR EN CHANGEANT LES ACCESSOIRES.

FEU D'ARTIFICE AQUATIQUE
SÉCURITÉ GARANTIE.
LE JEU DU BATEAU DE PÊCHE TÉLÉGUIDÉ
UN RADAR DÉTECTE LES POISSONS ET LES CHASSE.
LA FLEUR FEU D'ARTIFICE
ON SÈME LA GRAINE, ET ELLE FLEURIT LA NUIT.
LA PAILLE À PASTÈQUE
ELLE NE PERMET D'ASPIRER QUE L'INTÉRIEUR DU FRUIT.
LA PISCINE ESTIMENTAIRE
ELLE EST FRAÎCHE ET AGRÉABLE.
LA BOUÉE COMESTIBLE
ELLE SE GONFLE DANS LE VENTRE.
L'APPAREIL PHOTO-SOUVENIRS INSTANTANÉS
IL PERMET DE PRENDRE DES PHOTOS-SOUVENIRS D'ENDROITS OÙ ON N'A PAS ÉTÉ.
POUIC POUIC
LE SLIP À POIRE
IL PERMET DE NAGER À LA VITESSE D'UN JOUET DE BAIN.

LE BATEAU À ÉNERGIE POISSONNEUSE

LE HAMAC MAGIQUE
QUAND ON JOUE DE LA FLÛTE, IL S'ÉLÈVE À L'INFINI.

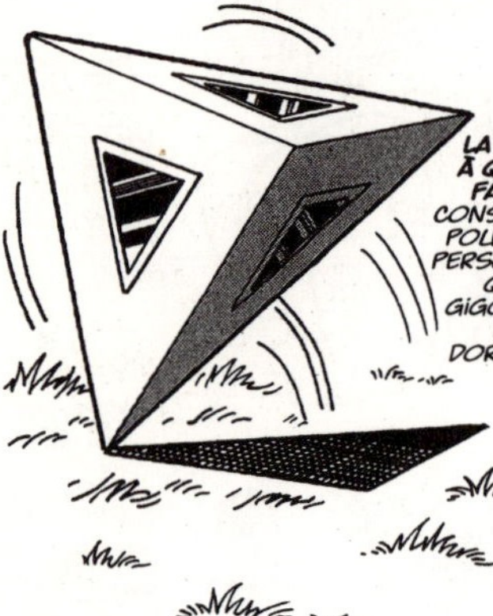

LA TENTE À QUATRE FACES
CONSEILLÉE POUR LES PERSONNES QUI GIGOTENT EN DORMANT.

LE CHAPEAU À BATTEMENTS

L'ENCENS TERRIFIANT
IL RAFRAÎCHIT EN FAISANT FRISSONNER.

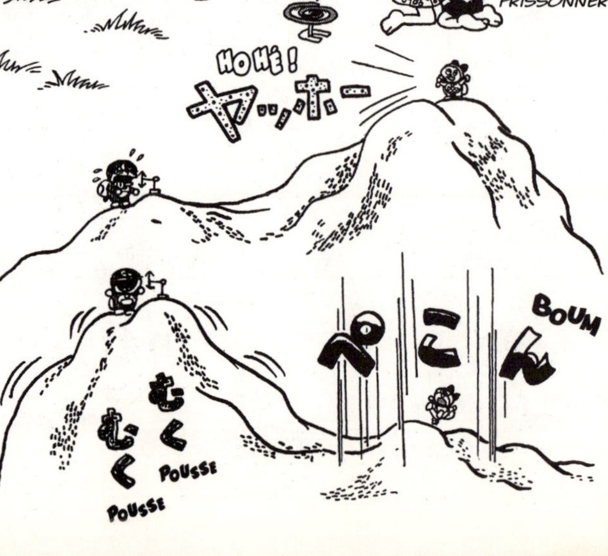

L'ÉCHANGEUR DE SOMMETS
QUAND ON EN A ASSEZ EN RANDONNÉE, IL TRANSFORME L'ENDROIT OÙ L'ON SE TROUVE EN POINT CULMINANT.

LA MAIN MAGIQUE POUR SOULEVER LES JUPES
Si ON N'Y EST PAS HABITUÉ, ELLE EST DIFFICILE À MANIER.
LE DISTRIBUTEUR AUTOMATIQUE AVEC MACHINE DU TEMPS INCORPORÉE
IL PERMET D'ACHETER DES CHOSES D'UNE ÉPOQUE OÙ LA VIE ÉTAIT MOINS CHÈRE. PAR EXEMPLE, ON PEUT ACHETER 25 CRAYONS POUR 1 YEN (0,01 EURO).
LE MARTEAU À ÉTOILE FILANTE
QUAND ON SE FRAPPE AVEC CE MARTEAU, UNE ÉTOILE À SOUHAITS APPARAIT.
L'ÉTIQUETTE VOLANTE
QUAND ON Y ÉCRIT LE NOM DU DESTINATAIRE, ELLE S'ENVOLE TEL UN HÉLICOPTÈRE.
CHEVEU-TOUT-T'EXPLIQUER
IL PERMET DE TROUVER DE BONNES EXCUSES LORSQU'ON A FAIT UNE ERREUR.
LES LUNETTES À RÊVES
ON PEUT VOIR LES RÊVES DES AUTRES.
LE PISTOLET INRATABLE
A BALLE A DES YEUX ET NE RATE JAMAIS SA CIBLE.
BLA
ペラペラ
BLA
E SERRE-TÊTE PUNISSEUR
QUAND ON FAIT QUELQUE CHOSE D'INTERDIT, IL SERRE LA TÊTE.
LA PERLE INSTANTANÉE
TOUT CE QUI ENTRE DANS LA COQUILLE SE TRANSFORME EN PERLE.
LA FERMETURE ÉCLAIR MAGIQUE
ELLE S'OUVRE N'IMPORTE OÙ.

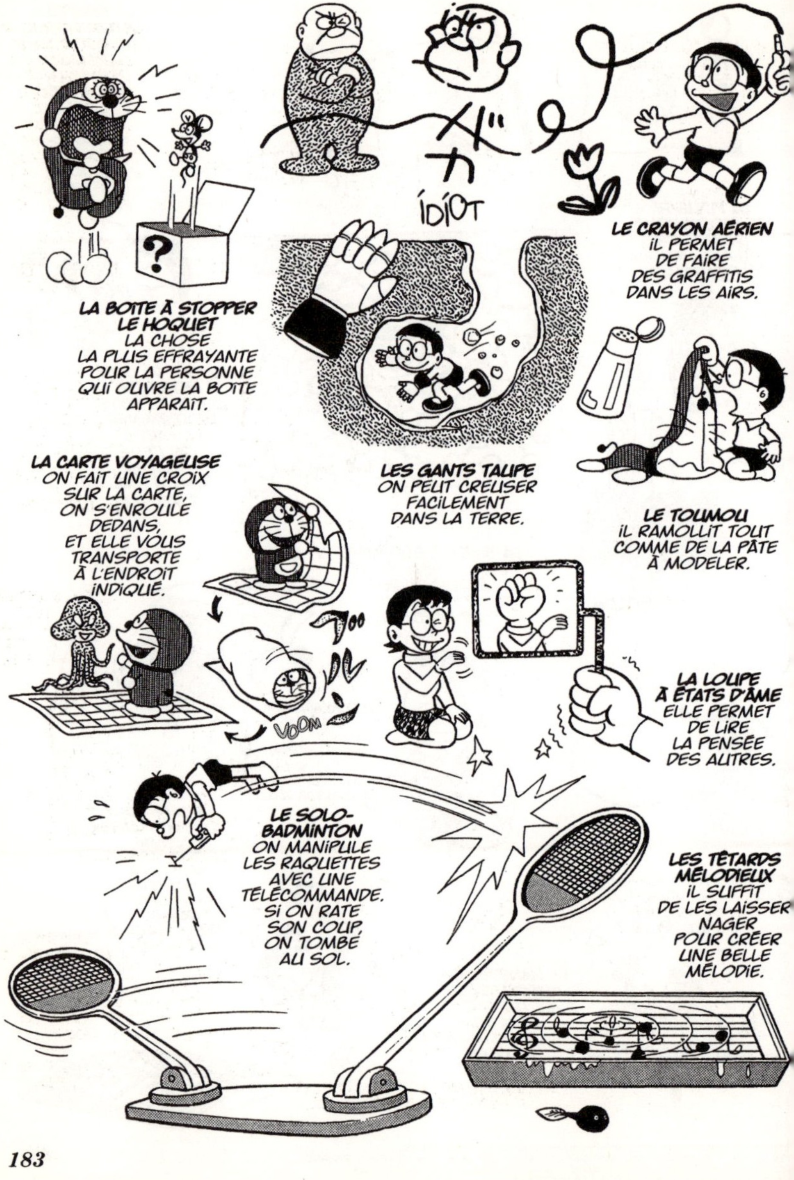
IDIOT
LE CRAYON AÉRIEN
IL PERMET DE FAIRE DES GRAFFITIS DANS LES AIRS.
LA BOITE À STOPPER LE HOQUET
LA CHOSE LA PLUS EFFRAYANTE POUR LA PERSONNE QUI OUVRE LA BOITE APPARAIT.
LA CARTE VOYAGEUSE
ON FAIT UNE CROIX SUR LA CARTE, ON S'ENROULE DEDANS, ET ELLE VOUS TRANSPORTE À L'ENDROIT INDIQUÉ.
LES GANTS TAUPE
ON PEUT CREUSER FACILEMENT DANS LA TERRE.
LE TOUMOU
IL RAMOLLIT TOUT COMME DE LA PÂTE À MODELER.
VOOM
LA LOUPE À ÉTATS D'ÂME
ELLE PERMET DE LIRE LA PENSÉE DES AUTRES.
LE SOLO-BADMINTON
ON MANIPULE LES RAQUETTES AVEC UNE TÉLÉCOMMANDE. SI ON RATE SON COUP, ON TOMBE AU SOL.
LES TÊTARDS MÉLODIEUX
IL SUFFIT DE LES LAISSER NAGER POUR CRÉER UNE BELLE MÉLODIE.

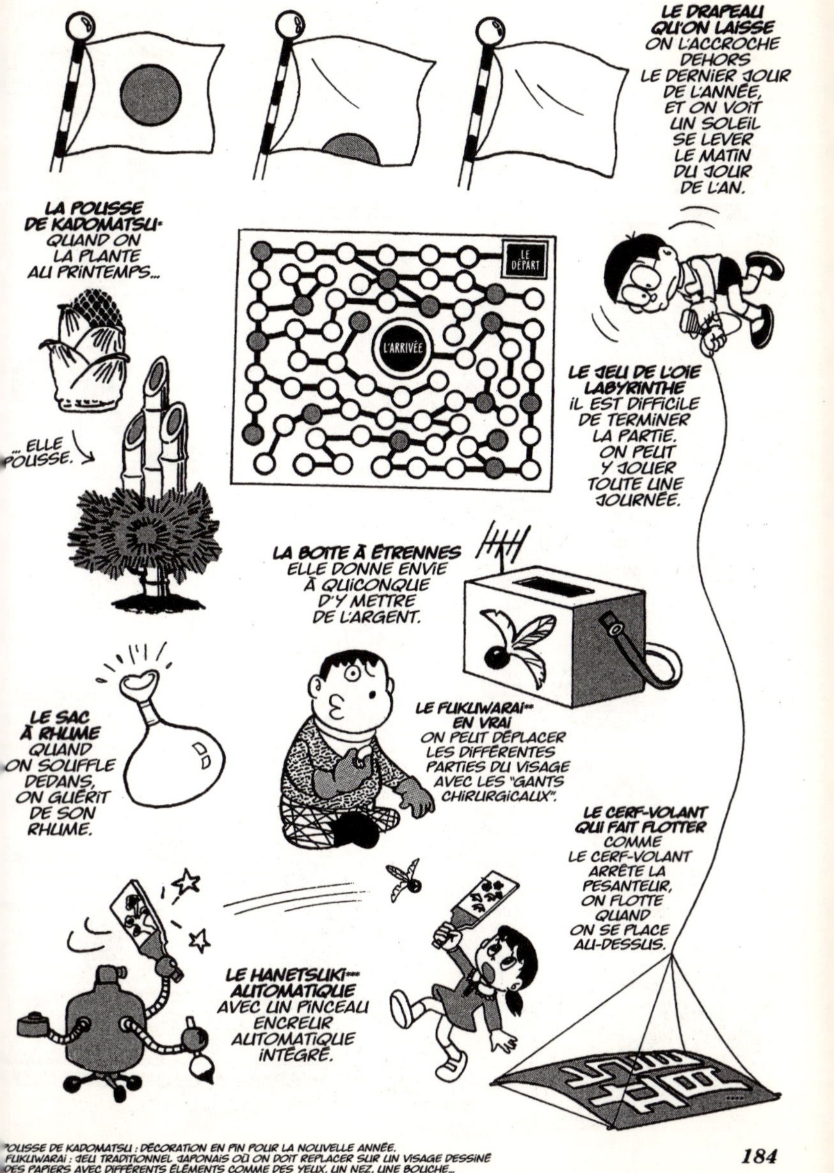

*POUSSE DE KADOMATSU : DÉCORATION EN PIN POUR LA NOUVELLE ANNÉE.
** FUKUWARAI : JEU TRADITIONNEL JAPONAIS OÙ ON DOIT REPLACER SUR UN VISAGE DESSINÉ DES PAPIERS AVEC DIFFÉRENTS ÉLÉMENTS COMME DES YEUX, UN NEZ, UNE BOUCHE...
*** HANETSUKI : SORTE DE BADMINTON À LA JAPONAISE.
**** DRAGON

* SHOGI : SORTE DE JEU D'ÉCHEC À LA JAPONAISE. ** KOTATSU : PETITE CHAUFFERETTE.

ON N'A PLUS BESOIN D'OUTILS.
LA BOISSON DU BRICOLEUR
KSS
KSS
TOC
TOC
CRR
CRR
LE TEMPS ÉTONNANT
ON PEUT FAIRE AVANCER OU RALENTIR LE TEMPS.
S C
LE PORTE-MONNAIE DU BLAIREAU
IL TRANSFORME DES FEUILLES EN BILLETS.
LA BOÎTE À PIERRE, PAPIER, CISEAUX
ON NE PERD JAMAIS.
LE PETIT NUAGE À NEIGE
LES FAUX SABRES DE COMBAT
ILS COUPENT VRAIMENT. MAIS ON PEUT RECOLLER LES PARTIES DU CORPS AVEC DE LA COLLE ADÉQUATE.
LES JAMBES ROBOTIQUES
QUAND ON LES ACCROCHE À QUELQUE CHOSE, ELLES SE METTENT À MARCHER. CELA ÉVITE DE PORTER SES AFFAIRES.
LE RESSORT ACTIVATEUR
QUAND ON LE REMONTE, TOUS LES MOUVEMENTS DEVIENNENT RAPIDES.
LA PUCE CHATOUILLEUSE
ON EN MET SUR LES PERSONNES REVÊCHES POUR LES FAIRE RIRE.
LES ABEILLES BUTINEUSES D'ARGENT
ELLES TROUVENT DE L'ARGENT.

LE PAPIER À ROBOTS
LES PLIAGES EN PAPIER S'ANIMENT.
L'ENREGISTREUR DE RÊVES
IL ENREGISTRE LES RÊVES.
Chewing-gum fusée
CHEWING-GUM FUSÉE
QUAND ON LE MÂCHE, ON ÉMET DES GAZ ET...
SOLICAMENT
QUAND ON EN PREND, LE CORPS DEVIENT PLUS SOLIDE QUE L'ACIER.
LE SAC DE SÉCURITÉ
IL RÉSISTE MÊME À LA BOMBE ATOMIQUE.
LE PAPIER PHOTOCOPIEUR 3D
IL SUFFIT DE SE COUCHER DESSUS POUR CRÉER UNE COPIE EN 3D.
COCORICO
コケッコー
LES BONBONANIMO
QUAND ON EN PREND, ON PEUT FAIRE LA MÊME CHOSE QUE LES ANIMAUX.
L'APPAREIL PHOTO À SOUHAITS
ON PEUT INTÉGRER CE QUE L'ON SOUHAITE DANS LA PHOTO DES AUTRES.

Yu-Gi-Oh!
de kazuki takahashi
C'EST L'HEURE DU DUEL !
kana
Version Française
YU-GI-OH
Yu-Gi-Oh!
38
高橋和希
Kazuki TAKAHASHI
Le jeune Yûgi se découvre un double puissant
lorsqu'il réussit à recomposer le puzzle millénaire.
Leur objectif sera de faire triompher la justice par les cartes !
Les cartes du destin ne sont pas celles que l'on croit...

Ce manga est publié dans son sens de lecture originale, de droite à gauche.

Ici, vous êtes donc à la fin.

DORAEMON 11 by Fujiko •F• Fujio

Original Japanese edition published in 1976 by Shogakukan Inc., Tokyo
French translation rights arranged with Shogakukan Inc.
through The Kashima Agency for Japan Foreign-Rights Centre

7, avenue P-H Spaak - 1060 Bruxelles

Dépôt légal d/2009/0086/203
ISBN 978-2-5050-0581-6

Conception graphique : Les Travaux d'Hercule
Traduit et adapté en français par Misato Raillard
Adaptation graphique : Eric Montésinos

Imprimé en Italie par LegoPrint - Lavis (Trento)